今《きん》上《じょう》天皇の「生前退位」報道の真意を探る

大川隆法
Ryuho Okawa

まえがき

禁断《きんだん》の聖域《せいいき》に、一歩踏《ふ》み込《こ》んでみた。

今上天皇《きんじょうてんのう》は疲《つか》れておられる。まことに、かなりご心労《しんろう》のご様子《ようす》である。

しかも、マスコミ各社から様々《さまざま》の憶測《おくそく》も飛びかっている。

国民各位《かくい》が知りたがっている真相《しんそう》に迫《せま》ってみた。

色々の疑問にお答えになっている中に、ご本心がかいま見られると思う。

今回の宗教ジャーナリズム的手法による取材は、「国民の総意《そうい》」に支えられて存在しえる「天皇」という地位の重さを深く感じざるを得ない結果となった。

さて、陛下《へいか》の「生前退位《せいぜんたいい》」の真意を知って、衝撃《しょうげき》を受けない人がどれだけいるだろうか。

決して「政治的発言」はなされないことになっている、国民の「象徴《しょうちょう》」の守護《しゅご》霊《れい》メッセージを、じっくりと読み解《と》いて頂《いただ》きたいと願う次第《しだい》である。

二〇一六年　七月二十日

幸福《こうふく》の科学《かがく》グループ創始者兼総裁《そうししゃけんそうさい》
幸福実現党創立者兼総裁《こうふくじつげんとうそうりつしゃけんそうさい》
大川隆法《おおかわりゅうほう》

今上天皇の「生前退位」報道の真意を探る　目次

今上《きんじょう》天皇の「生前退位《せいぜんたいい》」報道の真意を探《さぐ》る

二〇一六年七月二十日　収録
東京都・幸福の科学　教祖殿《きょうそでん》　大悟館《たいごかん》にて

「霊言現象《れいげん》」とは、あの世の霊存在の言葉を語り下ろす現象のことをいう。これは高度な悟《さと》りを開いた者に特有のものであり、「霊媒現象《れいばい》」（トランス状態になって意識を失い、霊が一方的にしゃべる現象）とは異なる。

また、人間の魂《たましい》は原則として六人のグループからなり、あの世に残っている「魂のきょうだい」の一人が守護霊《しゅごれい》を務めている。つまり、守護霊は、実は自分自身の魂の一部である。したがって、「守護霊の霊言」とは、いわば本人の潜在《せんざい》意識にアクセスしたものであり、その内容は、その人が潜在意識で考えていること（本心）と考えてよい。

なお、「霊言」は、あくまでも霊人《れいじん》の意見であり、幸福の科学グループとしての見解と矛盾《むじゅん》する内容を含《ふく》む場合がある点、付記しておきたい。

今上《きんじょう》天皇の「生前退位《せいぜんたいい》」報道の真意を探《さぐ》る

二〇一六年七月二十日　収録

東京都・幸福の科学　教祖殿《きょうそでん》　大悟館《たいごかん》にて

今上《きんじょう》天皇・明仁《あきひと》（一九三三～）

第百二十五代天皇。昭和天皇の第一皇子《おうじ》。一九八九年（昭和六十四年）、昭和天皇の崩御《ほうぎょ》を受け、皇位を継承《けいしょう》する。

質問者　※質問順

里村英一《さとむらえいいち》（幸福の科学専務理事〔広報・マーケティング企画《きかく》担当〕兼《けん》ＨＳＵ講師）

綾織次郎《あやおりじろう》（幸福の科学常務理事 兼「ザ・リバティ」編集長 兼 ＨＳＵ講師）

立木秀学《ついきしゅうがく》（幸福の科学理事 兼 ＨＳ政経塾《せいけいじゅく》塾長 兼 ＨＳＵ講師）

［役職は収録時点のもの］

1　天皇陛下《へいか》の守護霊《しゅごれい》に「生前退位《せいぜんたいい》」のご真意を訊《き》く

二〇一二年にも守護霊霊言《しゅごれいれいげん》を収録された今上《きんじょう》天皇

大川隆法　四年ほど前（二〇一二年）に、『今上《きんじょう》天皇・元首の本心　守護霊《しゅごれい》メッセージ』（幸福の科学出版刊）という本を出しました。民主党政権三代目の野田《のだ》首相のころだったと思います。

当時は、韓国《かんこく》の李明博《イミョンバク》大統領が竹島《たけしま》に上陸するパフォーマンスをしたあと、「（天皇陛下《へいか》が）韓国に来るなら、〝痛惜《つうせき》の念〟などと訳の分からない言葉を言いにくるな」などというような挑発《ちょうはつ》をしたころでもありました。また、中国では、日系企業《きぎょう》の焼き討《う》ち

『今上天皇・元首の本心
守護霊メッセージ』
（幸福の科学出版刊）

等が起きたり、日本大使の車が襲《おそ》われたり、日章旗《にっしょうき》を焼かれたりと、いろいろなことがありました。

そのように、韓国・中国との関係は悪く、北朝鮮《きたちょうせん》でも軍事的なデモンストレーションが行われていた時期に、天皇陛下の守護霊にご本心を伺《うかが》ったわけです。

そのお言葉は丁寧《ていねい》ではあったものの、わりあいはっきりとしたことをおっしゃっていたので、民主党政権にとってはけっこうこたえた部分もあったのではないかと思います。

今回も、今上天皇の「生前退位《せいぜんたいい》」に関する報道が一週間前から流れてはいたので、その間、霊言《れいげん》を録《と》ろうかどうか迷いつつも放置していました。

これを取り上げるにしても、何らか「菊《きく》のタブー」に触《ふ》れるところもあり、間接的にではあってもなかなかできるものではありません。たとえ、本を出したところで、皇室関係の広告はまず載《の》せてもらえないなど、日本もなかなか不自由なところでありますので、「まあ、余計なことかなあ」と思ったりして、一週間ほど何もしないでいたのです。

「生前退位」が憲法改正論議に与《あた》える二つの見方

大川隆法　今回の「生前退位」のご意向に対しては、テレビであれこれと憶測《おくそく》が飛んだり、新聞でさまざまな解釈《かいしゃく》が出されたりし始めていますし、週刊誌にも記事が出てきています。

そのなかで、私は、「まあ、やめておこう」と思っていたにもかかわらず、昨日《きのう》、「やはり、録ったほうがいいかな」と思い直したわけです。

生前退位の報道が最初に出たのは参院選の直後でしたが、「憲法改正勢力ができた」とか「改憲勢力に届いた」とかいった話題が上《のぼ》っていたころでもあり、私は、「おそらく、何らかの不快感を示されたのかな」という感じを持っていました。

そういったやや左寄りの見方もある一方で、ある週刊誌によれば、逆に、生前退位を言い出すことによって、要するに、「加憲《かけん》」が必要になり、憲法改正の取っ掛《か》かりができるのではないかという解釈もあるようです。「加憲」という言葉は公明党が言っているし、最近、自民党の安倍《あべ》さんも使い始めていますが、実は、「(天皇陛下は)憲法改正のきっかけになるように動かれたのではないか」という読みが出てきているのです。

例えば、日本国憲法第一条には、「天皇は、日本国の象徴《しょうちょう》であり日本国民統合の象徴であって、この地位は、主権の存する日本国民の総意に基《もと》づく」と書いてありますが、天皇の生前退位についての規定は何もありません。皇室典範《てんぱん》を変えるとしても、本当にそれだけで済むのかどうかです。「象徴としての存在」であるだけならば、要するに、本当は実務をしなくてもよいわけなので、それだけであれば、生前退位というのはありえないことでもあります。

麻生《あそう》副総理なども言っているように、「もし、(天皇陛下が)仕事ができなくなったら、摂政《せっしょう》が行えばよい」という考えもありますし、「実務ができないので交代する」ということであれば、それは「実権を持っている」ということでもありますの

●摂政　皇室典範第16条で、天皇が未成年のとき、あるいは、病気や事故によって国事行為を行えないときは皇室会議の議により、摂政を置くとされている。摂政は、天皇の名で国事行為を行う。過去には、大正天皇の病が重くなったため、1921年、皇太子であった裕仁親王(昭和天皇)が摂政に就いたことがある。

で、この解釈をめぐってはいろいろな考えがあるでしょう。

公明党が「加憲」と言っているのは、環境《かんきょう》権か何かを憲法に加えようとしているのだと思います。ただ、今は、放射能汚染《おせん》の問題から、地震《じしん》や津波《つなみ》など、いろいろなことがあるので、環境権なるものをつくっても、左翼《さよく》にとって使い勝手のよい何かになる可能性があって、非常に問題が多いのではないでしょうか。

それから、都市開発等も妨《さまた》げられる恐《おそ》れが極《きわ》めて強いでしょう。東京の開発においては、ほとんどどこにマンションを建てても、近所には「反対、反対」といった文字が掲《かか》げられています。そういうところには、たいていは、小さな木造二階建ての家があり、公明党や共産党のポスターが貼《は》ってあるものです。

このような状況《じょうきょう》であるにもかかわらず、憲法で環境権などを保障したならば、東京の開発はできなくなるのではないかという心配も、私は持っていました。

あるいは、陛下が生前退位なされたいからと、お誕生日までに「天皇制の条文」のところに何か加憲をして、例えば「ご都合《つごう》によっては退位もありえる」と付け加えることで国民の合意を引っ張っていき、「そこで実績をつくれば、その〝ついでに〟ほかのものも（加憲が）できるような感じに持っていける」といった、政治的意図があるのかどうか。

このような読みも出てきてはいるのです。

生前退位後、二重皇位のようなかたちになった場合の問題

大川隆法　それ以外にも、生前で退位なされた場合には、昔にあったように、それを「上皇《じょうこう》」と呼ぶのか、「法皇《ほうおう》」と呼ぶのかといった規定が何もありません。そういう呼び方も決まっていないため、もし、それで上皇と天皇の二重皇位のようなかたちになったときに、今は、「くたびれたので辞《や》めたい」と思っておられたとしても、二、三年静養したら急に元気になられ、また活動したくなるということもありうるので、場合によってはバッティングするところも出てくるかもしれません。

先日のＮＨＫの大河《たいが》ドラマ（「真田丸《さなだまる》」）も、ちょうど太閤《たいこう》と関白《かんぱく》が二重になった

ころの話でしたが、秀吉《ひでよし》のほうにまだやる気があったため、いったんは甥《おい》（秀次《ひでつぐ》）に権力を譲《ゆず》ったものの、ちょっかいを出し、紛争《ふんそう》になって、結局、秀次は自害へと追い込《こ》まれていました。

現代には昔のような争い等は起きないと思いますが、もし、制度としてあれば、そういうことが出てくる恐れもないとは限りません。

公務へのお疲《つか》れ、税金から出ている皇室予算へのプレッシャー

大川隆法　あるいは、ご心境を推察するに、八十二歳《さい》というご高齢《こうれい》であるので、だいぶお疲《つか》れにはなっているかとは思うのです。

年間を通して、大勢の人に会っておられますし、晩餐会《ばんさんかい》のようなものも多くあります。それから、法律の数がそうとうあるので、署名・捺印《なついん》のような事務も多いでしょう。もしかしたら、宮内庁《くないちょう》の職員が代行している部分もあるのかもしれませんが、少なくとも見てはおられるでしょうから、その雑務から完全には解放されません。

私自身も、捺印などはしていないので、当会の理事長か総合本部長か事務局長あたりでやっているはずですが、仕事として、そういうことをしなければいけないのであれば、なかなか解放されないでしょう。

ご静養をされるにしても、「葉山《はやま》ご静養」とか、「那須《なす》ご静養」とか、いちいち報道されていますが、「今、天皇陛下が休みを取られている」などといったことを、すべて国民に知られるというのはけっこう厳しいことです。

ちなみに、首相が一週間の休みを取っても報道はされており、「誰《だれ》と会って何を食べたか」まで新聞等に書かれています。それを見ると、「昼はハンバーガー、夜は中華《ちゅうか》」などとあって、「体は大丈夫《だいじょうぶ》かなあ」と、ちょっと心配するようなことまで、しっかりと報道がなされ、「誰と食べたか」まで載っているので、けっこうつらいところです。

それから、昨日（七月十九日）、「結婚《けっこん》の心得《こころえ》について」という法話《ほうわ》のなかでも触れたことなのですが、予算についての問題もあるのではないでしょうか。

当会の宗務《しゅうむ》本部は、長らく、「経費だけがあって収入はない」という構造になっていました。しかし、建物が大きいため、光熱費や水道費もたくさんかかるし、職員が数十人もいるため、経費だけがあって収入がない構造というのはけっこうきつくて、やはり、誰にでも見えるようなかたちで働いているところを見せないと、なかなか収《おさ》まらないようです。働いているように見えていないところについては、「経費の無駄《むだ》があるのではないか」というような目で見られる恐れもあり、長年、内部的には、多少いろいろと気になっていたところではあります。

そこで、「収入をあげることで、経費の部分を相殺《そうさい》できるように変えた」という話をしたわけですけれども、おそらく、皇室も同様の問題を抱《かか》えているのではないかと思われるのです。

現在、宮内庁の職員は千人ぐらいいるはずであり、天皇家、お子さまがた、なかに残っておられる方々それぞれの予算が国会で計上されて、予算がついていると思いますけれども、従業員が働き、諸経費もかかっています。

したがって、「天皇陛下は、よくあんなにいろいろなところへ行かれるなあ。慰《い》霊《れい》の旅に行かれたり、震災のお見舞《みま》いに行かれたりして、総理も行っているのに、天皇陛下も同じ場所へ行かれているけれども、なぜあんなにいっぱい動かれるのかなあ」と思うかもしれませんが、祈《いの》ったり、人と会ったりしているところなどをテレビ等で流すことで、税金を使っていることに対し、「活動をしているから、やはり、それだけ活動費がかかっているのだ」というところを見せないと、精神的につらいのではないかというように、私は感じました。

収入があるわけではなく、税金から予算をもらっているだけなので、「本当に仕事をしているのか」という圧力は、当然、かかってきます。ちょっと多すぎるのではないかと思うほど、あれだけいろいろなところへ行かれているのは、そういうプレッシャー、強迫《きょうはく》観念をお受けになっていらっしゃるからではないかと思います。

前立腺《ぜんりつせん》手術や皇位継承《けいしょう》後のご心配の可能性も

大川隆法　あとは、もちろん、先の大戦からのさまざまな〝不成仏《ふじょうぶつ》の思い〟もあれば、〝徳川《とくがわ》幕府の呪《のろ》い〟などもあるのかもしれませんが、そうしたものから解放されたいというお気持ちもおありでしょう。

また、前立腺《ぜんりつせん》ガンになられ、二〇〇三年には手術をなされていたので、普通《ふつう》であれば、そのあたりでそろそろ引退したい年齢であられたかとは思いますけれども、やはり、終身制というものにはそれなりの厳しさもあるのではないでしょうか。

そして、ご自分がお亡《な》くなりになったあと、皇太子が天皇になるのであれば、スムーズにうまくいくかどうかということへのご心配も、おそらくおありなのかなと思います。

秋篠宮《あきしののみや》さまのほうには男のお子さまがいらっしゃいますが、皇太子さまのほうにはいらっしゃいませんし、秋篠宮さまは、今の皇太子が天皇になると、皇位継承《けいしょう》順位が一位にはなるものの、皇太子にはなれないことになっており、何らかのトラブルが予想されるので、あるいは、（今上天皇は）ご自分が生きている間に継承してみたいというような気持ちもおありになるのかもしれません。

さまざまな憶測《おくそく》が飛んでいる「生前退位のご意向」の真意を探《さぐ》る

大川隆法　さまざまな可能性について述べましたが、単にご高齢なので少しゆっくりなされたいのか、あるいは、政治的な意図など、別のお考え等があるのか。国民も関心を持っているところなので、もし、現政権が、「憲法改正への助走」か何かとして使おうとしているのであれば、そのあたりについても、少々探《さぐ》っておかなければいけないのかなという気もします。

あるいは、憲法改正に反対で、「自分は署名・捺印する気がないから退位する」というようなことで、もし、サボタージュをなされているのであれば、それはまた、明確には分からない、それなりの政治的な意思表示をなされているということでもあります。

以前、菅《かん》（直人《なおと》）首相を任命されるときにも、葉山の御用邸《ごようてい》から四日ほど帰ってこなかったりして、菅さんが内閣総理大臣になれない状態があったこともありますので、今回も、参院選の結果が多少なりとも何か影響《えいきょう》した可能性を感じるところがあります。

今上天皇の守護霊を招霊《しょうれい》する

大川隆法　このあたりを、うまく聞き出せるかどうかでしょうが、表面的なところを語られるか、本音を語られるかは分かりません。

また、ご本人の記者会見ではございませんので、直接的な責任はかかりませんけれども、国民のほうが、多少なりともお心を忖度《そんたく》申し上げる何らかのきっかけになればよいと思っています。

そういう意味で、真実を知りたいという気持ちを持っていますので、あとはよろしくお願いします。

里村　はい。お願いいたします。

大川隆法　前回の質問者は、本地川瑞祥《もとちかわずいしょう》さん（当時、幸福の科学出版社長）と小林早賢《こばやしそうけん》さん（当時、幸福の科学広報・危機管理担当副理事長）でした。

里村　はい、そうでございます。

大川隆法　今回、メンバーが変わりましたので、お答えも違《ちが》ってくるかもしれません。

里村　はい。

大川隆法　それでは、今上天皇、明仁《あきひと》さまの守護霊にご降臨いただきます。

現状のいろいろな政治的な思惑《おもわく》があるなかで、どのようにお考えになっておられるのか、ご自身ではたぶんお語りになれないのではないかと思いますので、この場を借りまして、守護霊様のお言葉ということで、間接的に、国民やマスコミ、あるいは政治家に対して、お心の一端《いったん》なりともお伝えできれば幸いかと思っております。

今上天皇の守護霊よ。

今上天皇の守護霊よ。

どうぞ、幸福の科学　教祖殿《きょうそでん》　大悟館《たいごかん》に降りたまいて、そのお心の内を明かしたまえ。

（約三十秒間の沈黙《ちんもく》）

2 「一つの潮時《しおどき》」が来た

お疲《つか》れのご様子で登場した陛下《へいか》の守護霊

里村　今上天皇陛下《へいか》の守護霊様であられますでしょうか。

今上天皇守護霊　はい。

里村　まことにありがとうございます。

四年前に一度、守護霊様にご降臨賜《たまわ》りまして、お言葉を頂戴《ちょうだい》しました。そして、本日、再度ご降臨を賜りました。まことに、まことに、ありがとうございます。

今上天皇守護霊　うん……。

里村　また、常日頃《つねひごろ》、日本国の繁栄《はんえい》と、日本国民の幸せを祈《いの》り、それを常に思われ、念じてくださることに、心より感謝申し上げます。ありがとうございます。

今上天皇守護霊　はい……。

里村　本日、守護霊様にご降臨賜った理由といたしましては、ただいま、この地上世間《せけん》では、今上陛下の生前ご退位についての話題で、非常に騒然《そうぜん》としているためでございます。事と次第《しだい》によっては、そのご真意というものが、今後の日本国および日本国民にも大きな影響《えいきょう》を与《あた》えてまいりますので、今日は、守護霊様より、何がしかのお言葉を賜れればと願っております。

今上天皇守護霊　うーん……。

里村　今回の生前ご退位の報道は、一週間前、夜のＮＨＫのニュースでまず報道されました。それ以来、「そもそも、生前ご退位は本当なのか」ということや、さらに、もしこれが本当であるならば、例えば、参議院選挙の直後というタイミングでもございますので、「今回、改憲勢力が増えたことへの、何かのご意志の表れであるのではないか」とか、あるいは、大変にお疲《つか》れであられることや、皇位継承《けいしょう》等の問題とのかかわりなど、さまざまな説が世情を賑《にぎ》わせております。

そこで、守護霊様には、ＮＨＫから始まった今回の生前ご退位の報道について、実際にそのようなことはなく、誤報であるのか、それとも、やはり、生前ご退位のご意向はおありであるのかということを、まずはお伺《うかが》いしたいと思います。よろしくお願いいたします。

今上天皇守護霊　うーん、まあ、疲れたかな……。

里村　はい。

今上天皇守護霊　少し疲れましたかな。先の大戦の七十年の区切りを、去年、終えまして、慰霊《いれい》の旅も一通り終わりましたので、私としては、仕事は一区切りついたのかなと、思ってはいるんです。

里村　はい。

今上天皇守護霊　確かに、国事行為《こうい》として、たくさんのお仕事がございますが、今の国会に行って、開会式をやったりするのも、少し億劫《おっくう》にはなってまいりましたし、何らかの不手際《ふてぎわ》などをすることがあってはいけないかなと思うようなこともありましてね。
まあ、一つの潮時《しおどき》なのではないかということで、そういう意向が、私のほうからも少し出てはいます。

里村　はああ、なるほど。その「潮時」とおっしゃったことに関して、最初の報道は七月十三日でございましたけれども、もう少し前から、そういうご意向を、宮内《くない》庁《ちょう》関係者の方にも漏《も》らされていたという報道もございます。

今上天皇守護霊　はああ……（ため息をつく）。ええ。

里村　なぜ、今……。

今上天皇守護霊　私の心のなかでは……、私の仕事としては、うーん……。

まあ、病気もしましたしねえ。その後、心残りであった所も回りましたので、一つの区切りかなと思いましたし。

私自身は五十五歳《さい》ぐらいで即位《そくい》しましたが、今、皇太子も五十六歳という年になられているので、やっぱり、そろそろ仕事をなされないと遅《おそ》くなりますからね。

まあ、世間も、そういうふうになっていますので、実際上、人前《ひとまえ》で姿をさらして、映像で流れる身とあっては、やっぱり、それを隠《かく》して動くわけにもいきませんので。

「そろそろ五十代に替《か》わってもよいのではないかな」とは思っています。

昨年のお誕生日に行われた記者会見でのお言葉に関して

里村　まことに畏《おそ》れ多いことでございますけれども、昨年十二月の今上陛下のお誕生日のときのお言葉として、昨年の全国戦没者追悼式《せんぼつしゃついとうしき》で間違《まちが》いがあったこと等について、「年齢《ねんれい》を感じることも多くなりました」というような言及《げんきゅう》もございました。

昨年、陛下は、皇后《こうごう》陛下とご一緒《いっしょ》に、ペリリュー島へ慰霊の旅に行かれたり、あるいは、今年の一月にも、フィリピンに行かれたりしていましたけれども、私ども国民もそれを拝見しておりまして、お体へのご負担がたいへん大きいのではないかと、本当に案じておりました。こういったところは、いかがでございましょうか。

今上天皇守護霊　まあ、そういうところはありますわねえ。

だから、本来なら、昭和天皇がなさりたかったであろうけれども、ご達成できなかったご無念《むねん》の部分はお晴《は》らし申し上げたかなと思ってはおります。

まあ、先の大戦の見直しについても意見は錯綜《さくそう》しておりますし、また、憲法改正の問題も、今年はかなりマスコミを賑わせておりますので、私も、そうした喧騒《けんそう》のなかに、あまり長くは身を置きたくないという気持ちですか、隠遁《いんとん》をしてみたい気持ちがちょっと強くなってきた、ということは言えますね。

里村　ははあ。

3 「憲法改正」に対するご真意とは

なぜ、このタイミングで「生前退位」が報道されたのか

里村　今回の報道は、ＮＨＫがいちばん最初にいたしました。また、話によると、ＮＨＫとしては、参院選の最中《さなか》に、すでにこの問題はつかんでいたと……。

今上天皇守護霊　前からね。

里村　参院選の前から。

今上天皇守護霊　そうです。

里村　はい。

しかし、ある意味で、参院選の結果が出るまで、政府サイドのいろいろな思いもあって、報道を控《ひか》えていたと考えられますが、何ゆえに、七月十三日になってＮＨＫでの報道があったと、私どもは理解すればよろしいのでしょうか。

今上天皇守護霊　うーん……、まあ、政治的な発言をしてはいけないことになっている立場なんでね。

里村　はい。

今上天皇守護霊　「ハゼの研究」ぐらいはよろしいんですけどね。そういう、「ハゼの研究」だとか、「海草の研究」だとか、「中世の運河《うんが》の研究」だとか、こういうのをやってる分にはよろしいんですが。

本来、私も、政治経済系の専攻《せんこう》はしたんだけれども、自然科学のほうを長らく研究して、政治から離《はな》れるようにという、戦後の指導のなかでの象徴《しょうちょう》天皇を演じてまいりましたけれども……。いささか疲《つか》れました。

里村　はい。

今上天皇守護霊　うん。いささか疲れまして。

まあ、NHKが、なぜ報道をしたかということについては、うーん……。まあ、こういう報道であるから、おそらく、話としては、上層部まで行ってのことであろうかとは思いますけれどもね。

里村　はい。

今上天皇守護霊　うーん……、まあ、ＮＨＫにも両勢力がありますので、何とも申し上げられませんけれども。

少なくとも、意思表示の一つとして、私が、「天皇在位中は、憲法改正をこの手では公布したくない」という気持ちがあったことは事実です。

里村　はっ！　さようでございますか。

今上天皇守護霊　護憲をすることを誓《ちか》って、即位《そくい》しましたのでね。そして、先の大戦が終わったときには、皇室滅亡《めつぼう》の危機に、実際に直面した身でございますので。

父・裕仁《ひろひと》天皇が、本当に、銃殺刑《じゅうさつけい》か絞殺刑《こうさつ》かになるかも分からないという危機のなかを生きておりましたし、私も日光《にっこう》まで疎開《そかい》していました。〝鬼《おに》のＧＨＱ〟が来て、明日《あす》はどうなるか分からない身で潜《ひそ》み、そのあと、皇室の存続がやっと決まって。

それで、憲法と共に歩むことを決め、国民と共に歩むことを決意し、美智子妃《みちこひ》との成婚《せいこん》を機会に、「国民に開かれた皇室」ということで、戦後の皇室の存続をかけた、長い長い戦いをしてきたつもりではあります。

里村　はい。

今上天皇守護霊　だから、「現行憲法体制が終わるのであれば、それと同時に、私の時代も閉《と》じたい」というふうに思っているということです。

里村　おお、おお……。

綾織　天皇陛下《へいか》の国事行為《こうい》のなかに、憲法を改正された場合は、その公布をするというお仕事が、まさに明記されております。

今上天皇守護霊　ええ。だから、「私は判子《はんこ》をつかない」ということです。

綾織　ご自身では、そのお仕事はされないということですか。

今上天皇守護霊　「次の天皇にお願いしてください」ということです。私は判子をつかないから。

「憲法改正は、内閣総理大臣の名で公布されたらよろしい」

里村　今、私どもでは計《はか》り知れないような、重要なお言葉を賜《たまわ》っているかと思います。

ただ、そうしますと、今回の参議院選挙の結果、いわゆる改憲勢力が参議院の三分の二を占《し》めましたが、この流れと、今回の陛下のご意向が報道されたことには、やはり、ある意味でつながりがあるということでしょうか。

今上天皇守護霊　まあ、ありますね。

だから、それは、民主党の、極《きわ》めて左翼《さよく》色の強い、実質上、天皇制廃止《はいし》の気持ちも入っている、日章旗《にっしょうき》に反対する勢力をたくさん持っている内閣でも厳しい感じはありましたけれども、安倍《あべ》内閣下においてもそうだということです。

国民からの一定の支持を得たとしても、憲法の第一条の「象徴天皇制」というのは、国民の総意に基《もと》づいて成り立っていくことになるので、（憲法について）国論が二分して騒《さわ》ぎをしている以上、どちらかの勢力に加担したことで国体を変えるということは、天皇制の根本《こんぽん》にかかわることではあると思うのです。

ですから、「憲法が法律のようにに変えられるというふうにお考えであるんだったら、私のほうは、天皇を退位したい」ということです。
だから、内閣総理大臣の名で公布されたらよろしい。

里村　はあああ……。

今上天皇守護霊　それでも憲法改正をすれば、内閣総理大臣の名で公布できるでしょう。憲法改正されたらいいです。天皇が捺印《なついん》しないのなら、内閣総理大臣の名で、憲法改正を公布されたらよろしい。

「天皇制と憲法は一体のものだと思っている」

里村　例えば、去年あたりにも、安倍内閣が進める安全保障法制というものに対して、「立憲主義に反する」とか、「憲法の精神をないがしろにするものである」などという批判が、憲法学者を中心に起きておりましたけれども、今の守護霊様のお言葉からしますと、陛下の守護霊様も、やはり、そのようなお立場に近い観点からご覧になっていたのでしょうか。

今上天皇守護霊　まあ、それは理屈《りくつ》といいますか、学説としてはいろんなものがあってもよいだろうとは思うんですがね。

里村　はい。

今上天皇守護霊　それは、知識人、言論人たちの仕事であろうから、あるいは、マスコミにもいろんな意見があっても構わないかとは思うのでありますが、私などは、先の敗戦によって、天皇制が廃止されてもおかしくはない状況《じょうきょう》にありましたから。まあ、ほかの外国の王室はそういうふうになってきてますわね。

里村　はい。

今上天皇守護霊　それが、マッカーサーの特別な計らいによって、存続《そんぞく》を許された。その条件が、やっぱり、「平和憲法の護持《ごじ》」ということであったと思われるので、「天皇制と憲法とは一体のものだ」というふうには思っております。

里村　はあ。

今上天皇守護霊　権力者が変えたければ、それは変えればよいけれども、自分の名においてお変えになったらよろしいと思います。その結果がよいのか悪いのかは分かりませんから、安倍総理の名においてお変えになるのなら、憲法改正をした結果がいいのか悪いのかについての責任は、安倍総理がお受けになるのがよろしいということです。

私には判断権がありませんので、機械的に、「内閣の助言と責任において行う」と言われても、蠟《ろう》人形のような生活はもう十分。八十二年も生きてきまして、もう十分でございますので、「自分でこの世の命を絶《た》つ代わりに、生前退位を認めてはくれないか」と、こう言っているということですね。

里村　はあああ……。

「天皇という存在は、権力闘争《とうそう》からは自由でありたい」

綾織　そうしますと、いわゆる左翼勢力が言っている「憲法九条改正反対」という論調とはまた違《ちが》い、「今の天皇伝統を護《まも》っていく」という観点から、生前退位をおっしゃっているという理解でよろしいのでしょうか。

今上天皇守護霊　いや、まあ、諸外国での激戦地も、慰霊《いれい》の旅で回りましたけれども、どこも胸を痛めて帰ってまいりましたので。「天皇の名における戦争」であったことは間違いがないことですから、法律的に見れば、おそらくは、父の昭和天皇に開戦責任がなかったとは言えないだろうと思うんです。

当時の旧憲法下、明治憲法下においては、天皇が明確な元首でありましたので、天皇の名において開戦はなされたはずで、その激戦地を慰霊して帰った感じとしては、「責任はあるので、やはり、戦後の存続を許された体制を護持せねばならん」という気持ちを強く感じました。

今の自民党の憲法改正草案等によっても、「天皇を元首として明記する」というかたちのものが出てておりますけれども、そうすると、結局は、軍隊も、天皇の軍隊になっていくことになりますので、大統領的な立場になりますわね。

里村　うーん。

今上天皇守護霊　トルコなどでも、今はクーデターが軍部で起きて、「大統領を追い出すか、逆に制圧されるか」みたいな戦いがございましたけれども（注。二〇一六年七月十五日、トルコで軍部の一部がクーデターを試みたが、その後、鎮圧《ちんあつ》された）。

まあ、そうしたものからは自由でありたいなと思うので。「権力の闘争《とうそう》からは自由でありたいなあ」と。天皇という地位、ないしは、そういう存在が許されるのであるならば、自由でありたいなと思います。

また、百二十五代も続いてきたものを、私の代で終わらせて、「ラストエンペラー」となるのもそれなりにつらいものもございますので、あとの代に引き継《つ》いでいくとするならば、何も〝いじらない〟かたちで、できれば引き継ぎたいなと思います。

そうしないと、皇室のなかにおいても、今の皇太子を五十六年教育してきたことが、その一時の政治権力の交代劇で、右に行ったり左に行ったりしては、国の象徴としての立場は全《まっと》うできないようには思うんです。

常に、私たちは選挙結果ではなくて、「国民の総意」をバックにして存在しなければならないものなので、「国民の総意かどうか」ということをいつも考えると、国論が沸騰《ふっとう》していたり、いろいろな駆《か》け引きが行われているなかで、天皇の名において「一時期、多数を取ったものが決めたことをそのまま行《ぎょう》じる」ということが、いいことなのかどうか。皇室の存続にもこれはかかわることなのではないかと思います。

里村　はい。

国事行為《こうい》に対する複雑な思いを明かす

里村　そうすると、やはり、「皇室の存続と永続性」という観点からも考えたときに、そうした、政治でもっていろいろと左右される立場から、超然《ちょうぜん》とした立場を保っていくことが大切であるということでしょうか。

今上天皇守護霊　もっとはっきり言えば、憲法改正をなされるのであるならば……。まあ、「（天皇は）国政に当たる行為《こうい》はしない」ということになっていて、（憲法には）国事に当たる行為が列挙《れっきょ》されていますけれども、あれもかなり煩雑《はんざつ》なことがあります。外国の大使・公使の接受《せつじゅ》まで入っていまして、晩餐会《ばんさんかい》もたくさんございます。

あるいは、天皇が任命や認証《にんしょう》する官職が、裁判官から大臣あたりまであるとは思うんですけれども、あまりにも煩雑で、それは総理大臣が任命すればよいことでございますので、私たちがやる必要もないことのように……。

要するに、「判断権がない者が、かたちだけやる」というのも、どうなんでしょうかねえ。

だから、最低限のものが残るかもしれないけれども、国事行為のほうからも、できれば撤退《てったい》したいなあという気持ちがございます。

綾織　その意味では、国事行為を外していったときに、最終的に残る中心部分のお仕事には、やはり、「日本の最高神官《しんかん》としての宗教的な部分」というのが、どうしてもあると思います。

今上天皇守護霊　それは憲法に規定されていない部分なんですよね。「象徴」という言葉に、宗教的な祭司《さいし》の意味まで込《こ》められるかどうかは、やはり、議論の余地があることでございましょうから。

まあ、おたく様からも、「慰霊の旅だって、宗教行為ではないのか」というご指《し》摘《てき》はあったように思うんですけれども（『宗教の本道《ほんどう》を語る』〔幸福の科学出版刊〕参照）。そういう面はおそらくはあるでしょう。

里村　はい。

今上天皇守護霊　実際は、国事行為に列挙されていない行為も、われわれはやっているかもしれません。災害の見舞《みま》いなんかも、特にしなきゃいけないという規定があるわけでもございませんが、総理大臣と同じようなことをやってもいますわね。

里村　はい。

今上天皇守護霊　だから、まあ、やや疲れました。

4　戦後の「けじめ」は終わっていない

「明治帝《てい》や昭和帝のような責任はとても負えない」

里村　今日賜《たまわ》ったお言葉の数々から、ご心労やお疲《つか》れになるようないろいろな事情が察せられて、本当に私も言葉もないのでございますけれども……。

例えば、先ほど守護霊様から、「慰霊《いれい》」というお言葉がございましたが、実際に守護霊様からご覧になりまして、陛下《へいか》がペリリュー島やフィリピンに行かれて……、まあ、フィリピンなどもいちばん多く日本兵が亡《な》くなっている地域ですが、やはり、これには重いものがございましたでしょうか。

今上天皇守護霊　うーん……。私のような者には、もう明治帝《てい》や昭和帝のような責任は、とても負《お》えませんので。

万が一《いつ》、この病弱の体で九十何歳《さい》まで生きてしまったりした場合にですねえ。まあ、今は国際情勢が緊迫《きんぱく》しておりまして、北朝鮮《きたちょうせん》や中国等との万一の戦争に備えて、安保《あんぽ》法制もやっているんでしょうから、憲法改正まで行きますと、私の在位中に戦争が起きる可能性もございます。

私は、それについての善悪・是非《ぜひ》を問う立場にはありませんから、それについては申し上げられないけれども。確かに、必要なこともあろうとは思いますが、それは、国民から選ばれた者が、その責任においてなされたらよいことであって、「国民の総意に基《もと》づく天皇の行為《こうい》」として、なされてはならないような気がしますので。

里村　はい。

実務の代行は可能だが、国民の象徴《しょうちょう》としての責任はない「摂政《せっしょう》」

今上天皇守護霊　あるいは、私が年を取ったために、判断能力をかなり失ってきているのかもしれないので、皇太子のほうに、そういう判断を負っていただければありがたいかなと思います。

要するに、「摂政《せっしょう》」というかたちでは、天皇の責任そのものからは逃《のが》れられないと思うんです。「皇太子を摂政にする」というかたちは、それは、業務といいますか、そうした国事行為の、かたちだけの代行は可能ではあるけれども、国民の象徴としての行為の責任は、やっぱり、「天皇にある」と思うんですよね。

里村　そうしますと、現在、一部の閣僚《かくりょう》から、「摂政ではいかがか」という……。

今上天皇守護霊　駄目《だめ》です。

里村　駄目なのですか。

今上天皇守護霊　それは、駄目ですね。駄目です。
摂政は、実務の代行は可能ですけれども、国民の総意によって戴《いただ》かれた者ではありませんから。

「靖国参拝《やすくにさんぱい》」と「沖縄《おきなわ》問題」への思い

里村　では、守護霊様としては、「戦後の責任というものをいちおう取ったあたり、一区切りついたあたりで、次の時代に変わるべきだ」というお考えであるわけですか。

今上天皇守護霊　いやあ、天皇家も、もう本当に、年代ものの屋形船《やかたぶね》みたいなもので、あっちこち軋《きし》みが出て、浸水《しんすい》している状態でございまして。この船が、どこまで航行できるかは、もう予想がつかない状態です。

里村　いえいえ、とんでもございません。

例えば、東日本大震災《だいしんさい》、あるいは、先般《せんぱん》の熊本《くまもと》地震があったときも、「やはり、日本に皇室というものがあることで、国民がいかに安心するか」という部分が、以前よりも報道され、知られるようになっていると、私どもも思っております。

今上天皇守護霊　それは、どうですかね。ペリリュー島に慰霊に行けて、国会や首相官邸《かんてい》のすぐ近くにある靖国《やすくに》神社に慰霊には行けない天皇の存在というものは、どういうふうに理解したらよいものか。うーん、難しいですね。

里村　四年前に霊言《れいげん》を賜った際にも、靖国についても少し質問が出まして、守護霊様より、「政治的には、なかなか簡単なものではない」というようなお答えを頂きました。

今上天皇守護霊　うーん。

里村　陛下は、ペリリューやフィリピンに行かれていますが、そういうときにはいつも、「靖国になかなか行けない」というところについての思いはあられたわけでございますか。

今上天皇守護霊　それはそうでしょう。飛行機で海外まで行くよりは〝近い〟ですからね。すぐそこですから。国内の、皇居のすぐそばにあるところ、戦没者《せんぼっしゃ》たちが集まることになっているところに慰霊に行けないというのは、これは非常に大きな矛盾《むじゅん》は含《ふく》んでいますわね。

里村　そういう思いは、ずいぶん前からあられたのでしょうか。

今上天皇守護霊　今年……、まあ、去年からそうですけれども。あとは沖縄《おきなわ》もねえ……。沖縄についても、ずいぶん心労しました。

里村　はい。

今上天皇守護霊　沖縄が、まあ、「オール沖縄」と称《しょう》しておられるが、沖縄県知事と内閣が対立するような状況《じょうきょう》というのは、場合によっては、イギリスで、イングランドとスコットランド、その他が分裂《ぶんれつ》しようとしているのと似ているようにも見えなくもありませんのでね。

里村　はい。

今上天皇守護霊　英国も、女王陛下はいらっしゃるけれども、同じ女王陛下の下《もと》から離脱《りだつ》しようとしている、その動きにも似ているように見えなくはないので。

沖縄は、天皇を戴きたくはないんではないでしょうかねえ。

そうであれば、やはり、「国民の総意」とは言えないですから。沖縄の県民が、あるいは、県民の投票を得た代表が、この国のあり方に同調してくれなければ、この国が一つにまとまっているとは言えないと思いますね。

だから、「沖縄責任」も感じます。

里村　昨今の沖縄の政治情勢というものも、やはり、ご心労というか、ご心痛の大きな種であられたわけですね？

今上天皇守護霊　昭和天皇も、生前、（戦後の）沖縄に行けなかったことを、すごく悔《く》いておられました。まあ、私は行きましたが、それでも、「ひめゆりの塔《とう》」のところで火炎瓶《かえんびん》を投げられたりした映像が繰《く》り返し報道されています。もし、沖縄へ行くのも、中国へ行くのも、韓国《かんこく》や北朝鮮へ行くのも同じような状況というのであれば、国民統合《とうごう》の象徴としては、あまりいい政治が行われているとは言えないと思います。

「国民の共感を得られなければ、私たちの時代は長く続かない」

綾織　陛下の守護霊様が、本当に、「国民の調和」「国民が一つにまとまる」ということをお考えになっているということが伝わってまいりました。

そうした天皇陛下のお気持ちからしますと、やはり、私どもも、「皇室の永続性というところを何とか護《まも》っていかなければならない」と思います。

それに関して、まあ、これは非常にお伺《うかが》いしにくいテーマではありますが、ただ、国民として、「皇位継承《けいしょう》の問題」を何とか安定させたいという気持ちがあります。

このテーマについて、もし、今上天皇陛下の守護霊様のお気持ちを伺えるようでしたら、お願いしたいと思います。

今上天皇守護霊　まあ、長らく男子の出生《しゅっしょう》がなくて、国民にもずいぶん心労をかけましたね。それから、女性天皇制を認めるかどうかの議論も、ずいぶん起きました。

里村　はい。

今上天皇守護霊　皇室というのが、何ですかね。うーん。まあ、まるでパンダの子供の出産か、あるいは、トキの絶滅《ぜつめつ》が疑われるような感じのものに扱《あつか》われたりしてきているので。なかに住む者は、まあ、私がいちばんの重荷は背負ってはいるのかもしれませんが、皇后《こうごう》、それから、皇太子、秋篠宮《あきしののみや》、その他の方々も、この重圧で十分に苦しんではおりますので。

国民の共感を得られないようでありましたら、私たちの時代が、そう長くは続くものではないという感じは受けております。

だから、昭和帝のときにつけられなかった「けじめ」の部分が、私の代でつけられるか。私の代でつけられなくて、次の代でそれをつけなくてはいけなくなるのか。課題が、あとに残されたようには思うんです。

平成の世における「天の怒《いか》り」について

里村　今、「けじめ」とおっしゃられましたけれども、この「けじめ」とは、どういう内容なのでしょうか。

今上天皇守護霊　戦争責任です。

里村　皇室、あるいは、天皇陛下の戦争責任という話が出ますと、もちろん、いわゆる保守勢力からは、「旧憲法下においては、天皇無答責《むとうせき》である。責任を負うのはあくまで国務大臣であり、天皇には責任はないのだということが、憲法上、はっきりしているのだ」という考え方が出てまいりますけれども、そうした法律論とは、また少し違《ちが》う意味合いがございますでしょうか。

今上天皇守護霊　うーん。まあ、違うかもしれないし、同じかもしれない。要するに、「功績だけ天皇に帰属《きぞく》して、責任は帰属しない」という解釈《かいしゃく》ですね？

里村　はい。

今上天皇守護霊　それは、一般社会においては通らないでしょう。日清《にっしん》、日露《にちろ》の戦争は勝利しました。それについての功績と名誉《めいよ》は、明治帝にはちゃんと帰属しているはずです。「敗戦の場合は帰属しない」というようなことは、一般法則からは認められないことだろうと思うんですね。

ほかの外国でも、敗戦責任により廃止《はいし》された王室はございます。

里村　はい。

今上天皇守護霊　私たちは、戦後、そのギリギリのところを綱渡《つなわた》りをするように歩んでまいってきた者なので。

この国が繁栄《はんえい》、発展している状況のなかにおいては、「国民の許しの思い」もありました。

しかし、平成の世になってから、この国にとって、よからぬ兆候《ちょうこう》がたくさん出てまいりました。

昭和帝のときには、敗戦もあったが、戦後の復興もありました。ただ、平成の世に入ってからは、雲仙普賢岳《うんぜんふげんだけ》の噴火《ふんか》から始まりまして、阪神《はんしん》・淡路《あわじ》大震災もありましたし、そのあと、オウムのサリン事件もございました。それから、二十五年に及《およ》ぶ長期経済低迷《ていめい》、バブルの崩壊《ほうかい》による失業者、自殺者の増大、あと、リーマン・ショック以降の景気低迷もあります。

国民をよき方向に導く手段があまり見えず、火山の噴火が相次ぎ、地震が相次ぎ、津波《つなみ》が相次ぎ、諸外国はまた戦争の気配《けはい》を漂《ただよ》わせております。

これらはひとえに、私の代になってから起きたことであって、天皇としての不徳の、痛恨《つうこん》の極《きわ》みを感じているところでございます。

里村　守護霊様、その大御心《おおみこころ》というものは、本当に広く深いものだとは思いますけれども、それらは、政治家の責任であったり、あるいは、国民一人ひとりの努力の問題でございます。それをすべてご自分の責任として背負い込《こ》まれることはないと思うのですけれども。

今上天皇守護霊　少なくとも、阪神・淡路大震災と東日本大震災の二つは、私には、そうとうこたえましたし、あとは、雲仙普賢岳や御嶽山《おんたけさん》の噴火、阿蘇山《あそさん》の噴火。それから、地震が相次《あいつ》いでいる。

こういうものにはみんな、「天の怒《いか》り」を感じますので。やはり、これは、国民の象徴たる者の不徳の致《いた》すところだというふうに感じ、「退位したい」という気持ちが強くなってきているのです。

5　安倍《あべ》政権に対する「思い」とは

安倍政権による天皇の政治利用の抑止《よくし》も理由の一つ

里村　そのような世情や出来事も含《ふく》めての責任を痛感されて、大御心《おおみごころ》として、退位をされ、ある意味で、やはり……。

今上天皇守護霊　それと、もう一つとして、まあ、安倍《あべ》政権は、実力も人気もあり、自分たちの長期政権を目指して、いろいろ国体を変えようとなさっているようではありますけれども、天皇の政治利用というものが、あまりなされてはいけないという気持ちもございます。政治利用されるのは、やはり、よくないので。

里村　安倍政権による天皇陛下《へいか》の政治利用とは、具体的には、どういうことでしょうか。どのようなところがご不興《ふきょう》でございましょうか。

今上天皇守護霊　これから、私は高齢《こうれい》化してまいりますと、判断能力、行動能力がいっそう衰《おとろ》えてまいります。そうすると、私の考えにおいては、「いかがなものか」と思うことでも、もはや抗《こう》し切れないことが多くなってくるのではないかと思うのです。

里村　はい。

今上天皇守護霊　まだ、そういう判断力や行動力がある者が天皇の地位に就《つ》くことで、法律上の権限がないにしても、抑止《よくし》することは、ある意味では可能なところはございます。下問《かもん》をいろいろ重ねたり、あるいは、不快感を示したりすることによって、国政の方向を変えることは、少しは可能なところはあります。しかし、上に立つ者の意志が弱くなりますと、そういうことができなくなってまいります。

綾織　昨年は、戦後七十年であり、安倍談話も出されましたが、これについて議論をされているときに、噂《うわさ》レベルですが、伝わってきた話があります。それは、昨年の五月ぐらいだったと思うのですけれども、「安倍首相がまとめる談話の内容について、陛下が不快感を示されたのではないか」という噂です。

安倍政権に対して、安倍首相に対して、こうした歴史の問題でのご心配をなされていたと考えてよろしいのでしょうか。

今上天皇守護霊　私には、昭和帝《てい》のような徳がございませんので。昭和帝でしたら、無言《むごん》のうちに、もう相手に意志が伝わるような力がおありでございましたが、私にはもはや、そういう力は今、ございません。

まあ、今後は、消極的ではありますが、政治利用されないようにしなくてはいけないということが、一念《いちねん》でございますね。

「憲法改正を目指すなら、正々堂々と信を問うべき」

綾織　今までのお話をお伺《うかが》いしていて、憲法一条の「国民の総意に基《もと》づく象徴《しょうちょう》天皇」の部分を非常に大事にされているということが分かりました。

今上天皇守護霊　はい、そう思っています。

別に、「共産党の支援《しえん》を受けて天皇制を存続しよう」と思っているわけではありませんし、「自民党が悪い」と思っているわけでもありませんが、「党派性の強い争いがある渦中《かちゅう》で、天皇が担《かつ》がれるようなことがあるのは、あまりよろしくない」という考えを持っています。

もちろん、国民世論《せろん》をしっかりと説得し、落ち着かせた上で、私が手続き的なことのみをするというのなら分かるのですけれども、「政治的に決着がついていないことについて、天皇の御名御璽《ぎょめいぎょじ》というかたちでやるのは、国民の総意に基く天皇としては、よろしいことではないのではないか」ということです。

綾織　その意味では、今回の参院選でも安倍政権としては、改憲について特に問題提起をしていたわけではありませんでした。ところが、選挙が終わったあとに、「改憲勢力」という話になりました。これは、しっかりと国民を説得していくべきものであるということでしょうか。

今上天皇守護霊　まあ、私たちも政治的な判断をあまりしてはならないので、政治や法律のことに詳《くわ》しすぎることはいけないとは思っているのですけれども、後学《こうがく》のために、さまざまなものを勉学することは多いわけです。

やはり、あなたがたもおっしゃっているように、もし憲法改正を目指していらっしゃるなら、正々堂々とそれを掲《かか》げて民意を問うべきです。「多数を取ったらやる」というようなやり方には、私は同調できません。この点、大川隆法総裁のご意見と同じです。

だから、「(憲法)改正を掲げれば三分の二を取れないから掲げない。三分の二を取れたら改正をする」という考え方には、やはり乗れないですね。どうしても天皇としては乗れません。

里村　これは安倍総理もそうですが、ある意味で、マスコミも一緒《いっしょ》になってやっていました。

今上天皇守護霊　そうです。

里村　選挙の前は、そういう憲法の問題を全然大きく取り上げないのに、選挙が終わったとたんに、「三分の二は改憲勢力だ。では、憲法はどうだ」というふうに、掌《てのひら》を返すように急に報道が変わりました。

今上天皇守護霊　ですから、そういう姿勢に対して、私があまり好感を持っていないことを、今、間接的にお伝え申し上げているところです。

里村　はい。

6 「天皇の戦争責任」に対する後悔《こうかい》と危惧《きぐ》

「戦争責任」についてはどう受け止めているのか

里村　先ほど、「政治利用されないためにも」というお言葉がございました。この点が、「戦争責任」といういへん重いお言葉とつながっているのではないかと思います。

そこで、守護霊様がおっしゃった「戦争責任」とは、「開戦責任」でしょうか。それとも、「敗戦責任」でしょうか。あるいは、「戦争を止《と》めることができなかった責任」なのでしょうか。

今上天皇守護霊　すべてに関係します。

「開戦責任」は当然ございます。

それから、「終戦は（昭和）天皇の判断によってなされた」ということを保守の陣営《じんえい》から擁護《ようご》的に言われて、それが、「マッカーサーのほうの好印象を得た」というふうにも言われてはいるけれども、東京にいて、東京の空襲《くうしゅう》の惨劇《さんげき》を見たら、判断の早い人であれば、一九四四年には敗戦をだいたい理解していたはずです。遅《おそ》くても、一九四五年の三月の大空襲（東京大空襲）のあたりで判断してもよかったのではないでしょうか。

それを、「広島・長崎《ながさき》に原爆《げんばく》まで落とされたあとに決断した」ということですから、この終戦決断の遅《おく》れについて、責任がないわけではないと思います。

里村　確かに、当時の日本軍、あるいは政府、つまり臣下に当たるほうでは、一部は終戦、和平に向けての動きが起きておりました。ところが、「貫徹《かんてつ》である。勝つのだ」とか、「いや、日本民族が玉砕《ぎょくさい》しても、国の誇《ほこ》りは残る」とか、いろいろな考えがございまして、陛下《へいか》がそのようにお考えになられても、実際はなかなか難しかったと思っております。

今上天皇守護霊　それは、映画などの「日本のいちばん長い日」のようなものでも出ていますね。「戦争を止《や》めるということであれば、クーデターを起こしてでも、それはさせない」ということでしたが、それを軍部のほうで若手将校が決起してやったというような話も出ております。

だから、軍部のほうとしては、おそらくそうであろうとは思うのですけれども、天皇としては、たとえ殺されても、勇気を持って、やらねばならんことはあったのではないかと思うのです。その「負の遺産」を私の代で引き継《つ》いでおりますのでね。これの清算ができないでいるのです。

その清算ができないでいるなか、北朝鮮《きたちょうせん》、韓国《かんこく》、中国、台湾《たいわん》、フィリピンなど、近隣《きんりん》の国々を絡《から》めての戦争の匂《にお》いがまた立ち込《こ》めてまいりました。

やはり、私は二つも戦争の責任を背負えるほどの器《うつわ》ではありません。二つの震災《しんさい》の責任さえ負えないぐらいでありますので、本当であれば、東日本大震災のお見舞《みま》いをしたあとに、もう退位したかったぐらいであります。

「天皇の政治責任」が意味する天皇制の危機

里村　今年の五月、六月ぐらいから、こうした霊言《れいげん》という場で何人かの霊人《れいじん》の方が、「五年以内に中国による台湾侵略《しんりゃく》、あるいは沖縄《おきなわ》侵略がある」というようなことをおっしゃっていました（『プーチン　日本の政治を叱《しか》る』〔幸福の科学出版刊〕、「元・京大政治学教授　高坂正堯《こうさかまさたか》なら、現代政治をどうみるか」等参照）。

そのような、きな臭《くさ》い話がにわかにグーッと濃《こ》くなっておりますが、この未来予測と、今の陛下のお言葉を合わせたときに、「生前退位」というお考えも出てきたのかもしれないと感じております。

今上天皇守護霊　もう一度、沖縄戦は見たくないですね。

もちろん、沖縄戦を見たくないといっても、「今、安倍《あべ》政権に反対して、『戦争法案だ』と言って反戦・平和を言っている団体の考えに追随《ついずい》すれば沖縄戦が止まるか」といえば、止まるとは思っていません。

ただ、積極的に安倍政権をさらに推進していくかたちで、「近隣の諸国と戦っても護《まも》るということで納得《なっとく》がいくか」というと、これも沖縄県民の今の感情では納得がいっていないと思われるんですよね。

そういう意味で、二度にわたって、彼らに戦争の苦しみを味わわせたくはありません。私一人の責任においては、もう背負うことができないと思います。国民から負託《ふたく》を受けた方の責任でやっていただきたいので、天皇の関与《かんよ》は避《さ》けたいという気持ちです。

まあ、右翼《うよく》の人たちからは反対意見は多かろうとは思いますが、あなたがたの憲法改正試案〔第十四条〕　天皇制その他の文化的伝統は尊重《そんちょう》する。しかし、その権能、及《およ》び内容は、行政、立法、司法の三権の独立をそこなわない範囲《はんい》で、法律でこれを定める。『新・日本国憲法 試案』（幸福の科学出版刊）参照）にもございましたように、「歴史的な文化的象徴《しょうちょう》としての天皇」に入るべき時期であるような気がします。

やはり、戦争責任や政治責任をあまり問われる立場にいてはいけないでしょう。これは、百二十五代続いた天皇制の危機を意味するのではないかと思っています。

「先の大戦の責任」は誰《だれ》にあったのか

綾織　先ほどから、憲法一条の話をしていただきましたが、「象徴天皇」「国民の総意」ということは、戦後憲法のなかの規定ではあります。

やはり、「象徴天皇」というものが日本の伝統的なあり方であり、そのかたちに戻《もど》るのが望ましいというお考えでよろしいでしょうか。

103条の現行憲法を前文と全16条にスリム化し、国家ビジョンの基本設計図を指南する。『新・日本国憲法 試案』（幸福の科学出版刊）

今上天皇守護霊　まあ、「権力者としての天皇」というのは、正直に言いまして、現行憲法の「国民主権」「主権在民」の思想とは合わないでしょう。論理的に考えればね。

だから、国民主権との整合性をつくるために、「天皇は君臨すれども統治せず」のかたちで、「日の丸の旗の代わりに、人間として存在している」という考えですよね。

したがって、「天皇に当たる立場の人は、意志を持たない人間のごとく振《ふ》る舞わなければならない」ということです。これは、かなりの苦しみを伴《ともな》うものではあります。

里村　あまりにも、ご自身に厳しすぎるというか、ご自分の責任を大きく大きく、強く強く受け止められているように思います。たいへん心が痛みます。

ただ、昭和の戦争においては「開戦やむなし」にまで、アメリカや中国、ほかの国々に追い込まれたということもあったと思います。

実際に、国民の多くは、開戦の日の真珠湾攻撃《しんじゅわんこうげき》成功に、大変な快哉《かいさい》を叫《さけ》びました。そういう意味で、私は、守護霊様が責任をあまりにも重く受け止めすぎているのではないかという感じもしているのですけれども。

今上天皇守護霊　でも、私にとって理解ができないこともございます。山本五十六《やまもといそろく》長官は、「この大戦は負ける」と予想していたにもかかわらず、なぜハワイ奇襲《きしゅう》攻撃を断行されたのか。これについて、私も理解できないところがございます。負けると分かっているのであれば、勝てないにしても、負け方の工夫《くふう》が必要だと思うのです。

まあ、九・一一のワールドトレードセンター・テロで三千人もの人が亡《な》くなりましたが、アメリカを代表するニューヨークのビルが倒《たお》されたあと、そのテロを行《おこな》った人や、その糸を引いた人たちは、アメリカがあそこまで憤激《ふんげき》してイラク戦争に踏《ふ》み切って、大統領を絞首刑《こうしゅけい》にするところまでやるとは、おそらく予想はしていなかったと思われます。ちょうど、パールハーバー攻撃も、そういう結果を招いたわけです。

いずれにせよ、勝てると思うなら違《ちが》ったと思いますが、連合艦隊《かんたい》の司令長官が「最終的に負ける」という読みをしていたのであれば、私はこの矛盾《むじゅん》のところが分かりません。

もし、「それでもやれ」と言ったならば、それは本当に東條英機《とうじょうひでき》の独断によるものなのか、それとも、昭和天皇のお言葉があったのか。ここについての責任が明確ではありません。

安倍《あべ》首相とF・ルーズベルトの「類似感《るいじ》」への思いとは

里村　戦後の研究のなかで、東條首相の前の近衛《このえ》文麿《ふみまろ》首相のときに、ソ連の日本人スパイがかなり暗躍《あんやく》していて、そういうかたちで日本が敗北する方向に引っ張られたという話もございます。

しかし、白人国家に対して日本が果敢《かかん》に戦ったことで、戦後、有色人種の植民地が解放されたという歴史的成果もあると思うのです。

今上天皇守護霊　うん。

ただ、フランクリン・ルーズベルトは民主党だと思いますが、戦争をしない「孤《こ》立《りつ》主義」を引き継いでいて、選挙公約にして大統領に就《つ》いておりながら、裏では戦争を仕《し》掛《か》けることを計画してやっていました。おそらく、向こうは日本を攻《せ》める気はあったでしょうね。

その意味で、「防戦」ということは、当然、必要なことではあったのかもしれませんが、戦争をする気があったのにもかかわらず、「アメリカはかかわらない」というようなことを表明して政権を持っていったこの感じが、今の安倍《あべ》首相から伝わってくる感じによく似ているんですよ。

里村　ああ……。

今上天皇守護霊　このへんの類似《るいじ》感が、少し嫌《いや》な感じなのです。

里村　なるほど。ルーズベルト大統領は国民に、「絶対にアメリカを戦争に引き込ませないために、自分は大統領になるのだ」と公約いたしました。

今上天皇守護霊　実際は、戦争することを狙《ねら》っていたはずです。その後の歴史家の研究によればね。ルーズベルトには、日本を攻める気はあったでしょう。日本から攻めたように見せて、結局、日本を支配下

F・ルーズベルト米大統領が語る太平洋戦争開戦に至る経緯とは。『原爆投下は人類への罪か？――公開霊言 トルーマン＆F・ルーズベルトの新証言――』(幸福実現党刊)

に置くことを目指していました。

ただ、まんまと向こうの〝術中《じゅっちゅう》〟にはまってしまったのが日本の軍部だし、首相だし、天皇だったと思うんですよね。そのへんの罠《わな》を十分に見抜《みぬ》けなかったところは残念だったと思います。

もし、敗戦まで見通しがついていたのなら、例えば、満州《まんしゅう》からの撤退《てったい》ということを決めれば敗戦は抑《おさ》えられたかもしれないという気がするんですよね。

安倍政権は「北朝鮮《きたちょうせん》や中国との紛争《ふんそう》」を待ち望んでいる!?

綾織　安倍政権として、何か紛争《ふんそう》のようなことを起こして、憲法改正まで持っていくという流れもあるのでしょうか。

今上天皇守護霊　それは待っているのではないでしょうか。待ち望んでいると思います。

例えば、北朝鮮《きたちょうせん》なども、これはいつでも……。まあ、「北朝鮮に、米軍と韓国軍と日本の自衛隊が、三カ国同盟で攻め込む日が近いかもしれない」とは私も思いますし、決して、彼ら（北朝鮮）もよいことをしているとは言えないけれども、「私が生きている間に、その光景《こうけい》を見たくはない」という気持ちは持っています。

里村　はあ……。時あたかも、北朝鮮は、昨日《さくじつ》（七月十九日）、また弾道《だんどう》ミサイルを三発撃《う》ちました。

今上天皇守護霊　ええ。

里村　それは、「韓国への先制攻撃を想定しての訓練であった」ということを、本日、金正恩《キムジョンウン》労働党委員長は発表しています。

こういうときに、安倍総理は、夏季休暇《きゅうか》として、「七月に初めて休暇を取るんだ」

ということで、今、山梨《やまなし》のほうでゴルフをされたりしています。
これは、私から見ると、「生前退位」の問題があり、そうした「北朝鮮」の問題がありながら、あまりにも太平楽《たいへいらく》を決め込んでいるかのように見えるのですが、逆に言うと、ある意味で、〝次の乱〟を待ち望んでいるような感じにも見えてきます。

今上天皇守護霊　そうですね。ある意味では、「北朝鮮や中国をおびき出そうとしている」のではないかなという気がしますね。

里村　はい。先般《せんぱん》、中国は、ちょうど陛下の「生前退位」報道の前日（七月十二日）に、国際仲裁《ちゅうさい》裁判所から、「南シナ海に関しての支配は法的根拠《こんきょ》がない」と、はっきり言われています。
ですから、ある意味で、もう包囲網《もう》はカチッと狭《せば》まっています。

今上天皇守護霊　ええ。ただ、（安倍政権は）沖縄の問題等もこじらせ、長引かせてはおりますけれども、中国に、日本を甘《あま》く見させようとしているように見えてしかたがないところはあります。

里村　はい。

今上天皇守護霊　つまり、「沖縄の問題一つ片付けられないのか」と。中国であれば、ああいうものは簡単に片付けられますからね。軍事力、警察力を用いて、簡単に片付けられますから。ああして〝弱く見せている〟ようには見えますね。

里村　なるほど。〝次の戦い〟に引き込むためにですね？

今上天皇守護霊　うーん。だから、「ルーズベルト的」……。

里村　はあ……。

今上天皇守護霊　あえて「ヒットラー的」とは言いません。

里村　はい。

今上天皇守護霊　それは失礼であろうから言いませんが、「ルーズベルト的」に、嘘《うそ》を前面に出しながら考えていることがあるのではないでしょうか。

里村　はあ……。

今上天皇守護霊　もしそれが、二〇二〇年の（東京）オリンピックまで政権を続けるつもりで、「その間《かん》に憲法改正をし、戦争に引き込む」ということを考えていて、天皇の政治利用まで計算のなかに入っているのであれば……。私としては、「生前退位」ができないのであれば、無理にでも病気をつくり出すしかないなとは思ってはおりますけれどもね（苦笑）。

里村　ああ、なるほど……。

7　天皇制はいかにあるべきか

「皇室分裂《ぶんれつ》の可能性」と「万世一系《ばんせいいっけい》の難しさ」

立木　本日は、本当に尊いお言葉を賜《たまわ》りまして、ありがとうございます。

今上天皇守護霊　はい。

立木　今まで拝聴《はいちょう》していまして、国民に対する、陛下《へいか》の深い切《せつ》なるお気持ちを、本当に深く感じさせていただきました。ありがとうございます。

これまで、安倍《あべ》政権や、それにちなんで、戦争など、過去の話がずっとございましたけれども、今後、陛下が「生前退位」をなされますと、次は、皇太子殿下《でんか》が天皇陛下となられることになります。

その際に、今上天皇陛下が皇太子殿下に「次の天皇像」として望まれるもの、期待するものが、もしおありでしたら、お示しいただければ、たいへんありがたく存じます。


今上天皇守護霊　まあ、皇太子が独自に考えるべきこともあるでしょうから、私のほうから、そう申し送り事項《じこう》があるわけではありません。

ただ、もう一つは、「私がこの世を去ってからの皇位継承《けいしょう》」ということになりますと、また国論が割れる可能性があるかなとは思っております。

やはり、何年か前に、「男系男子のいる秋篠宮《あきしののみや》のほうが天皇になったほうがよいのではないか」という、「皇太子殿下、ご退位なさいませ」という論文を書い

「皇太子退位論」に対して皇太子殿下の守護霊がご心境を明かされる。山折哲雄氏の守護霊霊言も同時収録。『守護霊インタビュー　皇太子殿下に次期天皇の自覚を問う』(幸福の科学出版刊)

た方もありました。（宗教学者の）山折哲雄《やまおりてつお》さんですかね？

里村　はい。さようでございます。

今上天皇守護霊　まあ、そういう民意もあるだろうから、「どちらが継《つ》ぐべきかというようなことで、皇室分裂《ぶんれつ》ということもありえるのかな」ということを考えると、生前に譲位《じょうい》しておいたほうがよく、そのあと、少し後見《こうけん》をしたほうがよいのかなとは思っておるのです。

ただ、どういう気持ちでいくかについては、やはり、次の天皇皇后《こうごう》がお考えになるべきことだと思います。

私が述べたことについても、あるいは新しい世代の方々は違《ちが》う考え方をお持ちになるかもしれず、雅子妃《まさこひ》においても、外交官出身ですので、国際情勢についての考え方は、あるいは私が言っているようなこととは違うかもしれません。

ですから、そのへんは、夫婦《ふうふ》の対話を通して一定の方向が示されるのではないか
とは思っております。

立木　ありがとうございます。

今、「次の皇太子殿下に期待する天皇像」というものをお訊《き》きしたのですが、そ
のお答えのなかで、「皇位継承も問題になってくるだろう」というお話を頂きまし
た。

これに関する話として、数日前に菅義偉官房長官《すがよしひでかんぼうちょうかん》が、「皇族の方々の数が少なく
なっていることに対して、何らかの対応を取ることを考えている」というようなこ
とを言われていました。

今の陛下のお考えとして、「皇族の減少に対して、このような手を打ったほうが
よい」とか、何か特定のお考えがありましたら、お示しいただければと思います。

今上天皇守護霊　うーん……。まあ、あたかもパンダの子づくりと一緒《いっしょ》のように扱《あつか》われて、なかなか難《むずか》しゅうございましてね。

里村　いやいや、そんなことは……。

今上天皇守護霊　なかなか、「万世一系《ばんせいいっけい》の天皇を続ける」というのは、そんなに簡単なことではありません。

特に、現行民主主義の下《もと》では、そうした血族主義だけで続けていくのは、かなり厳しいものがございます。

いかに、日本国憲法を読んでも読んでも……。例えば、「天皇制」と「主権在民」、あるいは、憲法十四条の……。

里村　法の下の平等……。

今上天皇守護霊　「平等思想」等ですね。やっぱり、（天皇は）もう例外でしかありませんので。

ですから、「現代の法治《ほうち》国家としての民主主義制度のなかでは例外の人が、国民統合の象徴《しょうちょう》である」ということの説得力のところは、極《きわ》めて見いだしがたいものがございます。

もちろん、神話を出してきたりすることもできますし、宗教的な理由をつければ出せることはあろうと思うけれども、マスコミも、それをまともには書けない時代でしょう。

朝日新聞の一面に、「天照大神《あまてらすおおみかみ》のご子孫《しそん》であられる天皇が……」というようなことは、おそらく、書かれる時代ではないであろうし、もし皇太子がそういうことを言い出したとしても、なかなか週刊誌等からは、罵詈讒謗《ばりざんぼう》が出てくるでありましょうからね。

里村　はい。

今上天皇守護霊　ですから、このような現代の世には合わない制度だと思うので、ある意味では、ひっそりと存在しなくてはならないものだとは思っています。

「人間宣言」と「生前退位」への思いを語る

里村　ただ、たいへんお言葉ではございますけれども、まさに、その「合わないようにした」というのが、戦後、マッカーサーによって制定が進められた日本国憲法だと私どもは思っております。

また、今日、冒頭《ぼうとう》で、守護霊様からは、「ある意味で、天皇制の存続とバーター（取引）であるかのように日本国憲法を受け入れた。だから、これを尊重しなければいけないのだ」というようなお言葉がありました。

しかし、やはり、「その日本国憲法そのもののなかに、ある意味で、皇室を衰退《すいたい》に導く因《いん》があるのではないか。今、日本はもう一度、自分たちの手で新たに憲法を立てるべきである」と……。

今上天皇守護霊　うーん……。

里村　そのように、私どもは考えているのでございますけれども、こうした考え方については、どのように思われますでしょうか。

今上天皇守護霊　私のように、もう八十二にもなりますと、新たな憲法下での天皇のあり方を考えるだけの力がありませんので、それについては分かりません。

ただ、昭和天皇でさえ、「人間宣言」をなされました。それで、「人間宣言」をなされたことによって、結局、「万世一系の天皇というものは、天照大神《あまてらすおおみかみ》の子孫だ」

ということを、ある意味で、断《た》ち切られたところはあると思うのです。

そういうことで、「人間であるならば、なぜ日本人の例外であるのか」ということについての説明が、どうしてもできません。

ですから、主権在民は「例外のある主権在民」であり、平等権は「例外のある平等権」であり、「日本は貴族制のない国だ」と言っても、やはり、皇室が貴族の一部であることは間違いないでしょう。

その意味で、私の子孫のなかで、フランス革命的なものに出合う人がいるならば、非常に悲惨《ひさん》だなというようには思っています。

里村　私どもが懸念《けねん》しているのは、戦後の日本国憲法の下《もと》で、唯物論《ゆいぶつろん》がはびこったことです。

そして、その結果として、「皇族も同じ人間ではないか」というように、すべてが同じにされてしまうところにも危惧《きぐ》を持っています。

やはり、私どもは、「霊性革命《れいせい》」というものを通じて、そこに、例えば、「天照大神様から連《つら》なるご家系はある」とか、そういうことを認める日本が、もう一度、立ち上がっていくことが必要ではないかと思っているわけです。

今上天皇守護霊　うーん……。

里村　やはり、戦後、「宗教性」というものが決定的になくなりました。

今上天皇守護霊　はあ……。

里村　これが、もしかしたら、今、陛下の守護霊様のいろいろなご心痛とつながっているのではないかと私は思いますけれども。

今上天皇守護霊　まあ、一部、宗教性のあるものが、「慰霊《いれい》」とか「遺骨収集」の問題でしょう。

里村　はい。

今上天皇守護霊　ただ、それも、だいたいできることは終わってきましたので。まあ、「沖縄《おきなわ》県民の怒《いか》りと〝引き換《か》え〟に、私が去っていくあたりがよいのではないかな」と思いますがね。

里村　いやあ、しかし、それでは、あまりにも陛下に申し訳ないという感じが、私どもはいたしますけれども。

今上天皇守護霊　まあ、少なくとも、安倍政権が決めてやっていこうとしていることは、国民の総意ではありませんので。

里村　はあ……。

今上天皇守護霊　しかし、形式上の行為《こうい》であるといえども、憲法や法律をいろいろと施行《せこう》していくこと自体は（政権と）一心同体ということになりますのでね。うーん……。

里村　はい。

生前退位は「戦争」と「平成の世」の責任を取るためなのか

綾織　先ほど、私のほうから、「皇室の永続性」ということをお伺《うかが》いしたときに、「戦争責任のけじめがついていない」というお話がありました。

では、逆に、「けじめがついた状態というのは、どういう状態なのか」ということをお伺いしたいと思います。

今上天皇守護霊　うーん……、まあ、よく分かりませんが、平成の次の世が来たとして、そこで、例えば、北朝鮮《きたちょうせん》や中国と関連しての戦争が起きたとします。そのときには、国会で議決がなされ、法律が発布《はっぷ》されることになり、必ず天皇も巻き込《こ》まれることにはなりますわね。

里村　はい。

今上天皇守護霊　そういうことになりますと、先の大戦について、はっきりとした「けじめ」がついていない段階で、また次の原因が起き上がってくることになりますので、やはり、「天皇制とは何なのか」ということを、もう一回考えないかぎり、どうにもならないところがあります。
それで、自民党の改憲の草案（「日本国憲法改正草案」）そのものには、やっぱり、疑問なところがないわけではありませんので。

立木　それは、やはり、「天皇を元首として、再び位置づける」というところが、どうしても腑《ふ》に落ちないということでしょうか。

今上天皇守護霊　うーん……。すべての人の顔を立てることは難しいのかもしれませんけれども。まあ、首相は一年で代わったり、長くて五年、六年やる方もいますけれども、「天皇制は終身制」ということでありましたら、かなり厳しいところがあります。
やっぱり、先に、ローマ法王《ほうおう》が生前退位されたことも、一つの参考にはさせていただいたので。

里村　はあ……。なるほど。

今上天皇守護霊　「あまり不祥事《ふしょうじ》が多いようであれば、退位もやむなしかな。人心《じんしん》一新《いっしん》というか、民心一新《みんしんいっしん》のためにも、必要なのかな」と。

やはり、「平成の世は、平均してみて、あまりいい世ではなかった」というように思っています。

綾織　それは、本当に、時代の変わり目なのだと思います。

今日のお話を全体的に伺っていると、そうした、けじめをつける状態というのは、「天皇のお仕事として、戦争責任をストレートに負わない状態、あるいは、政治的な責任を負わない状態に変えていく。今までの日本の伝統的なかたちに変えていく」ということなのでしょうか。やはり、「それが、最終的には、けじめのかたちになる」というように理解してよろしいでしょうか。

今上天皇守護霊　まあ、経済的にも責任はあって、戦後、荒廃《こうはい》の地から、世界第二位のＧＤＰを誇《ほこ》る大国にまで、昭和天皇の時代に上がっていきましたが、平成の世になって、今、三位に転落し、次はたぶん四位に転落していくであろうと思いますけれども。やはり、これらも不徳の致《いた》すところかなと考えています。

里村　いえ、いえ、いえ、いえ。それは、もう国民の各人各人の努力の結果でございますので。

今上天皇守護霊　うーん。

8　政府や国民に伝えたい「ご本心」とは

旧ソ連との戦闘《せんとう》で生じた「シベリア抑留《よくりゅう》」について

里村　もう一点、私が思いますには、戦争のけじめというところで、まだ先の戦争のけりがついていない部分として、北方領土問題があるロシアとの関係がございます。

今上天皇守護霊　はい。

里村　ロシアとは、まだ平和条約を結んでいません。

ちなみに、私どもは、さらに一歩進んで、「日露《にちろ》の安保《あんぽ》条約まで行くべきだ」と考えていますけれども、このロシア、かつてのソ連は、戦争末期の最後に参戦してまいりました。

今上天皇守護霊　はい。

里村　これについては、いかがお考えでございましょうか。

今上天皇守護霊　まあ、これも、先ほど言った、要するに、「終戦の時期をいつにするか」の問題があったと思うんですよね。

里村　はい。

今上天皇守護霊　ソ連が参戦してくることは予想されてはいた事態ですので、それをアメリカは、「原子爆弾《ばくだん》を落とすことで終戦を早めたんだ」と言っておられます。

まあ、それには、一定の意味はあるかもしれませんが、要するに、「日本が決断できないでいるので、決断させるために強制力を働かせた」ということでしょう。

それが、結局、八月十五日の終戦で、日本は「終わった」と思ってはおるけれども、「ロシア（旧ソ連）との関係のところが終わってはいなかった」ということですね。

まだ、戦後の平和条約の締結《ていけつ》もできていない状況《じょうきょう》で、アメリカ側との終戦をしただけでありますから、「その間《かん》にロシア（旧ソ連）が奪《うば》い取った領地を返せ」と言っても、彼らは「われわれは戦争状態は続いていた」という考えですね。

里村　はい。

今上天皇守護霊　国際社会全体と講和していたわけではないので、あちら（ソ連）

のほうは、そういう「終戦が来た」ということについて了解《りょうかい》はしていなくて、戦闘《せんとう》は続いていました。

というようなことで、領地は取られ、六十万人からの人がシベリアに抑留《よくりゅう》されたわけですね。これも、天皇の戦争責任の一つだと思います。六十万人もの邦人《ほうじん》を苦しめたということですね。

里村　うーん……。

今上天皇守護霊　ここらへんについても予想はついていたことではあったし、大本《だいほん》営《えい》の発表はいろいろとあったけれども、もう実際は、「一九四三年以降は、よいこと（戦果）は何もない」ということを、昭和天皇は知っておられたはずなんですよね。

今上天皇守護霊から「安倍《あべ》首相」へのメッセージ

今上天皇守護霊　ただ、私たちが今持っている、かすかな力は、こうした不快感を示すことによる抵抗《ていこう》権しかないのです。

里村　はあ……。なるほど。

今上天皇守護霊　これ（本霊言《れいげん》）も本になって出るとは思いますが、たぶん、大々的に宣伝したり、売ったりはできない状況でしょう。

ただ、何らかのかたちで、内閣の方が読むこともあるかもしれません。

里村　はい。

今上天皇守護霊　まあ、私の回りくどく言っていることが、安倍《あべ》首相の耳に入って、どう感じられるかは分かりませんが、「自分の判断でこの国を動かしていきたい」と思うなら、内閣総理大臣が責任を取る体制になさったらよいと思います。

里村　はい。

今上天皇守護霊　また、「皇室を終わらせない」ということであるならば、かつて京都にあった皇室の時代のような、日本の伝統の象徴《しょうちょう》として存続することにしたらよいでしょう。

「国政に当たる行為《こうい》」「国事に当たる行為」というように分けても、結局、政治行為であることは同じだし、「国事に当たる行為」といっても、法律行為も含《ふく》んではおりますので、方便《ほうべん》にしかすぎないことですよね。

里村　はい。

今上天皇守護霊　そういう意味では、「内閣総理大臣」の名において、やればいいことでありますのでね。

私たちは、今、上野《うえの》動物園のパンダのような存在で、オープンに見られるのが仕事で、それ以外のことは何もできないので。

里村　いえ、いえ、いえ。

今上天皇守護霊　まあ、「いてくれたほうがいい」というのなら、存続はしますが、ただ、何らかの働きを期待されるのなら、難しいものはあるかなと思っています。

綾織　ぜひ、存続していただきたいという思いでいます。

天皇制や皇室の今後のあり方について語る

綾織　一点、質問いたします。それは、「男系男子」の問題です。

今上天皇守護霊　うん。

綾織　一方では、「女系天皇をどうするか」という議論もひところはありましたけれども、この点について、何かお考えをお伺《うかが》いできるようであれば、お願いしたいと思います。

今上天皇守護霊　それは、「次の次が、どうなるか」の問題ですね。

まあ、もちろん、現皇太子と秋篠宮《あきしののみや》の、どちらが長生きされるかの問題までありますので、非常に難しいですけれども。

「次に、愛子《あいこ》さまと悠仁《ひさひと》さまとの、どちらが後継者《こうけいしゃ》たるべきか」という問題が出てきますからね。

これについては、私のほうではもう決めかねるので。それは、法律をつくる人たちの懇談会《こんだんかい》はいろいろ開かれるんでしょうから、そういうことでお決めになられたらいいが、私たちは、積極的に自分の意志によって存続できる体制にはないので。今言ったように、まるで、「絶滅危惧種《ぜつめつきぐしゅ》」のような、保護されて存続を許されているがごとき存在でありますので。

里村　いや、いや、いや。

今上天皇守護霊　こちらから、「こうしてほしい」と言えるようなものは何もございません。それは男系であれ、女系であれ、みなさまが合意されて、国民を納得《なっとく》させることができるならば、そのようになされたらよいのではないかと思います。

立木　今、皇室のあり方につきまして、「ご自身のほうから、特に希望が述べられない」とおっしゃいました。

ただ、「生前退位」となりますと、皇太子さまが次の天皇になられますが、その後の陛下《へいか》ご自身の位置づけについてはどのようにお考えでしょうか。

近代以前ですと、「上皇《じょうこう》」というかたちになったわけですが、歴史的には、天皇と上皇の争いなどがあったため、いろいろな問題が起こりかねないと懸念《けねん》する向きもございます。

先ほど、隠棲《いんせい》なされたいというお話もございましたけれども、退位されたあとの前天皇陛下の位置づけに関して、何かご希望やお考え等がありましたら、お示しいただければと思います。

今上天皇守護霊　まあ、天皇家でありましても、娘《むすめ》でありましたら、結婚《けっこん》の段階で民間に出るケースもございまして、皇籍《こうせき》から出ていく場合もございます。

したがって、私としては、もしまだ命が多少なりとも残っているとするならば、葉山《はやま》の御用邸《ごようてい》ぐらいに住まわしてくださる権限を頂けましたら、一民間人として、「ハゼの研究」でもして生涯《しょうがい》を終えたいなと思っております。

立木　ありがとうございます。

天皇制は、明治憲法以前からずっと存在してきた

里村　本日は本当に、ご心痛、あるいは、ご心労、お疲《つか》れのところ、いろいろなお言葉を賜《たまわ》りましたが、私のほうから最後の質問をさせていただきます。

本日、天皇《すめらみこと》のお立場というのはいかに重いものであるかということを、逆に、私どもは、感じ、学ばせていただきました。

私ども幸福の科学グループは、神武《じんむ》天皇に始まる、あるいは、それ以前の、天御《あめのみ》

中主神様《なかぬしのかみ》、天照大神様《あまてらすおおみかみ》から始まる日本に対して、真なる意味での神国日本の繁栄《はんえい》を遂《と》げ、そして、日本が世界の平和と繁栄に貢献《こうけん》すべきであるとの信念を持って、宗教的にも政治的にもさまざまな活動をしております。

私がお伺いしたいのは、四年前の守護霊様の霊言に関することです。守護霊様は、四年前の霊言のなかで、北朝鮮《きたちょうせん》や中国などの侵略《しんりゃく》について、非常にご心配をされておられました。

そういう意味で、安倍総理のことはとりあえず置いておきまして、「日本は憲法を改正すべきか」、あるいは、「日本をしっかりと護《まも》る体制を整えるべきか」という点について、お考えをお伺いしたいと思います。

今上天皇守護霊　私にはよく分かりません。

西洋型の憲法は、明治時代に初めてつくられたものですからね。それによる立憲主義が人類普遍《ふへん》の原理のように言われて、憲法学者が、それを「公務員を縛《しば》るものだ」と言っておられるので、そうなのかもしれません。

ただ、天皇制は、明治憲法以前からずっと存在しておりましたし、聖徳太子《しょうとくたいし》の「十七条憲法」より前から存在していたものですので。

そうした、憲法制度や法律の制度の枠《わく》をはみ出した存在であったのではないかなと考えております。

里村　はい。

今上天皇守護霊　ですから、幕府ができれば、幕府がそれぞれの考え方によって、例えば、「武家諸法度《ぶけしょはっと》」をつくられたり、いろいろな法律をつくられたことはあったと思うのですが、そういうものが憲法や法律に相当するものなのではないかと思うんですね。

やはり、歴代の皇室というのは、そういうものの上に存在していたものではないのかなと思いますので、漠然《ばくぜん》としたものではあるかもしれないけれども、何らかの「神秘性」と「宗教性」を持った存在としてお認めいただかないと、今後、存続していくのは難しいと思います。

また、そうした「憲法や法律を、どうこうする」というような問題は、民主主義の四民平等の世の中で、万機公論《ばんきこうろん》に決していけばよいことなのではないかと思っております。

里村　いずれにしても、宗教性の部分が、日本国民の間で興《おこ》ってこないといけないというふうに理解してよろしゅうございましょうか。

今上天皇守護霊　ですから、「葉山では駄目《だめ》だ」と、あえておっしゃるのでしたら、伊勢神宮《いせじんぐう》の裏山にでも住むところをつくっていただければありがたいかなとは思います。ハハッ（笑）。

里村　いや、私どもは、今上陛下のお徳というものをもっとお伝えして、政治というものから争いをなくし、みんなの大調和の心の上に天皇がおられるという日本をつくってまいりたいと思います。

「あまり協力的でない態度を示す」のが唯一《ゆいいつ》の抵抗《ていこう》

今上天皇守護霊　まあ、外交の責任の一端《いったん》を担《にな》っているのでね。

前の（霊言の）収録をしたときは、「習近平《しゅうきんぺい》さんが副主席（当時）の身分で、『会わせろ』ということで来られたので、会いました」という話をしましたが、そういう政治行為の一端を担っているので、会いたくない人でも会わなければいけないということが起きますからね。

里村　はい。

今上天皇守護霊　ちょっと、都《みやこ》を離《はな》れてもいいのかなという感じはしています。

里村　いや、本当に、地上の政治の醜《みにく》さというか、努力の足りなさを、逆に今回、教えていただいた感じがいたします。

今上天皇守護霊　まあ、力足らずで、おたく様に迷惑《めいわく》をかけた可能性が高いと思いますけれども。

里村　いえいえ、とんでもございません。

今上天皇守護霊　まあ、安倍政権から憎《にく》まれるか、どういうふうになるか、ちょっと分かりませんけれども、私としては、できることの唯一《ゆいいつ》の抵抗《ていこう》は、「あまり協力的でないという態度を示す」ぐらいしかないので（笑）。

里村　はい。かしこまりました。

私ども、今上陛下の守護霊様のお気持ちを、一人でも多くの方にお伝えしてまいりたいと思います。

今上天皇守護霊　幸福の科学で大川隆法総裁がご意見を言われているうちは、それが一つのこの国の指針になって、よろしいのではないでしょうか。

ただ、そのあとについては、私ももう分かりません。

里村　はい。分かりました。

本日は、長時間にわたりまして、本当にご心労のなかでお言葉を賜りまして、まことにありがとうございました。

今上天皇守護霊　はい。

9　「生前退位のご本心」が明らかになった今回の霊言《れいげん》

本来の使命にお気づきになられたのかもしれない今上天皇

大川隆法　（手を一回叩《たた》く）はい。

まあ、前回よりも弱っていらっしゃる感じはしましたね。ご病気もされましたしね。

里村　行事の順番を間違《まちが》えられたことなどについても、ご年齢《ねんれい》との関係でおっしゃっておりました。

大川隆法　確かに、海外のご訪問も、かなり負荷《ふか》はかかることだと思います。また、国内も、全県、行かれたんですよね？

里村　はい、そうです。

大川隆法　震災《しんさい》のお見舞《みま》い等にも行かれておりますが、日本の祭司長《さいしちょう》としては非常に心を痛めるものでもあるでしょう。やはり、ああいう天災を起こさないように祈《いの》るのが、「天皇の本来の使命」ですからね。そのため、そういうことに対して反応しておられるのだろうと思います。

ただ、そうした本来の使命は、公的には理解されないような状態に置かれているということでしょう。

本来であれば、天皇陛下《へいか》は、天変地異調伏《てんぺんちいちょうぶく》の祈禱《きとう》をされなければいけないわけです。ところが、そういうことができず、総理大臣と同じように、背広を着て、あるいは、作業着を着てご訪問されています。ある意味で、そういうお姿をテレビに流すことを仕事になさっているのです。

里村　ええ。

大川隆法　こうしたことで、皇室費の、内廷費《ないていひ》・宮廷費・皇族費の部分を働き出していているという お考えを持っている感じがしてなりません。

里村　ああ。

大川隆法　ややお気の毒な感じがしますね。

いずれにしても、前回より四年で、かなりお弱りになっていました。これは、この世での肉体の弱り方と同じなのでしょうか。守護霊も同じような状態で弱っていらっしゃるようです。

ただ、これから来るいろいろな煩悶《はんもん》のようなものには耐《た》えられないのかもしれませんが、次の代で耐えられるかどうかも本当は分からないというところでしょうか。やはり、「危機に立つ皇室」であることは、そのとおりではありましょう。

里村　はい。

大川隆法　要するに、「自分の代で、また戦争の責任を取るのは嫌《いや》だ」ということなのだと思います。全体を見るかぎりはそういうことでしょうね。

里村　まったくどこにも出てこないような見方でしたけれども、あのようにおっしゃっていただくと、確かにそうだなと思います。

大川隆法　ある意味では、右翼《うよく》でも左翼でもありませんね。「天皇制を護持《ごじ》するにはどうするか主義」としか言いようがありません。

里村　はい。

大川隆法　ただ、情報はかなり集めておられるでしょう。沖縄《おきなわ》についても勉強なされていましたから、当会の本も読んでおられるのかもしれないですね。ある意味で、「天皇の本来の使命」にお気づきになられたのかもしれません。

今上天皇の守護霊霊言《れいげん》によって伝えられた願い

大川隆法　なお、この守護霊霊言《れいげん》が世に出たら、どんな反応になるかは分からないところはあります。

ただ、別に、「民進党に協力したい」と言っているわけでもなく、「自民党に協力したい」と言っているわけでもないのです。

つまりは、「国民の心の調和をつくり出したい」ということと、「諸外国ともう少し円滑《えんかつ》にできたらいい」というようなことが願いなのでしょう。

里村　はい。

大川隆法　まあ、なかなか、難しゅうございますね。

里村　「象徴《しょうちょう》天皇制」と簡単に言っても、これだけの責任を感じておられる方がいらっしゃるわけです。

大川隆法　ただ、「仲良くやりたい」といっても、北朝鮮《きたちょうせん》のように、ミサイルを撃《う》って撃ってしているところと、どうやって仲良くするのかは難しい問題でしょう。警察ではどうにもならないことですから、軍隊の仕事になりますよね。

里村　ええ。

大川隆法　確かに、「アメリカさんだけがやってくれれば、こちらは何もしないで済む。安泰《あんたい》だ」という言い方もあるかもしれませんが、そういうわけにもいかないでしょう。日本にとっては危機であっても、アメリカにとっては別に危機ではないですからね。

そういう意味では、「アメリカさんだけではできない」という時代であるので、「日本も参加するか」ということになってきているのでしょう。

しかし、「それに皇室がかかわれるかどうか」という問題があるわけですし、戦争にかかわると、もう一度、「天皇の戦争責任」の問題が出てくる可能性があるということです。

また、北朝鮮は、先進国が総力をあげれば潰《つぶ》れる国でしょうけれども、中国に関しては、そうはいかないと思います。やはり、「米ソの冷戦」に続いて、今、〝新たな冷戦〟が起きているという認識もあるわけですから、そう簡単なことではないでしょう。

里村　そういうなかで、安倍《あべ》首相などの政治家が、皇室を政治利用しようとか、責任を転嫁《てんか》しようとかしています。

こうした、今の日本の政治家の、責任を取らない部分について、私どもは警鐘《けいしょう》を鳴らしていかないといけないと思います。

大川隆法　そうですね。「天皇陛下がこれを公布したのだ」というようにされるのはお嫌なのでしょう。

里村　ええ、そのようです。

大川隆法　やはり、ご自分の名で新しい憲法を公布するのはお嫌なのでしょうね。「きちんと国民の合意を取ってください」と言われていましたから。

里村　はい。

大川隆法　確かに、今の改憲の議論は、スレスレのところですから、そういうことをおっしゃりたかったのでしょう。

一つのご意見として受け止めさせていただきたいと思います。

質問者一同　ありがとうございました。

あとがき

いよいよ新しい時代が迫《せま》ってきているようだ。

八十二年間、重責《じゅうせき》を背負ってきた方が、憲法改正と切迫《せっぱく》してくる戦争の足音《あしおと》に、岩戸隠《いわとがく》れしたく思っておられるようだ。

現行憲法の戦後のきしみと、平成の世の数々の天変地異《てんぺんちい》、経済面での中国との逆転など、心の重《おも》しは数限りないようだ。沖縄問題の心労も多いようである。

「天皇の戦争責任」について、ここまで深く掘《ほ》り下げた記録も入手《にゅうしゅ》は困難であろう。

天皇制の永続を願いつつも、今後もその重みに耐えられる方々が続いていくかどうか、悩みの種は尽《つ》きないだろう。私どもは、あくまでも現代史の一断面《いちだんめん》を、スピリチュアル分析したまでである。関係各位《かんけいかくい》のご参考になれば幸いである。

二〇一六年　七月二十日

幸福《こうふく》の科学《かがく》グループ創始者兼総裁《そうししゃけんそうさい》
幸福実現党創立者兼総裁《こうふくじつげんとうそうりつしゃけんそうさい》　大川隆法《おおかわりゅうほう》

『今上天皇の「生前退位」報道の真意を探る』大川隆法著作関連書籍

『新・日本国憲法 試案』（幸福の科学出版刊）
『宗教の本道を語る』（同右）
『今上天皇・元首の本心 守護霊メッセージ』（同右）
『プーチン 日本の政治を叱る』（同右）
『守護霊インタビュー 皇太子殿下に次期天皇の自覚を問う』（同右）
『原爆投下は人類への罪か？
――公開霊言 トルーマン＆Ｆ・ルーズベルトの新証言――』（幸福実現党刊）

今上天皇《きんじょうてんのう》の「生前退位《せいぜんたいい》」報道《ほうどう》の真意《しんい》を探《さぐ》る

2016年7月23日　初版第1刷

著　者　大《おお》川《かわ》隆《りゅう》法《ほう》

発行所　幸福の科学出版株式会社

〒107-0052 東京都港区赤坂2丁目10番14号
TEL(03)5573-7700
http://www.irhpress.co.jp/

印刷・製本　株式会社 研文社

落丁・乱丁本はおとりかえいたします

ISBN978-4-86395-819-7 C0030

大川隆法霊言シリーズ・皇室の未来を考える

今上天皇・元首の本心 守護霊メッセージ

竹島、尖閣の領土問題から、先の大戦と歴史認識問題、そして、民主党政権等について、天皇陛下の守護霊が自らの考えを語られる。

1,600円

守護霊インタビュー 皇太子殿下に次期天皇の自覚を問う

皇室の未来について、皇太子殿下のご本心を守護霊に伺う。問題の「山折論文」についての考えから、皇位継承へのご意見、雅子さまへの思いまで。

1,400円

皇室の未来を祈って

皇太子妃・雅子さまの守護霊インタビュー

ご結婚の経緯、日本神道との関係、現在のご心境など、雅子妃の本心が語られる。日本の皇室の「末永い繁栄」を祈って編まれた一書。

1,400円

皇室の新しい風 おそれながら、「佳子さまリーディング」

国民から絶大な人気の佳子さま。そのお人柄、皇室への思い、ご将来の夢とは——。皇室の美しいプリンセスの知られざる人気の秘密が明らかに。

1,400円

※表示価格は本体価格(税別)です。

天照大神《あまてらすおおみかみ》の未来記

この国と世界をどうされたいのか

日本よ、このまま滅びの未来を選ぶことなかれ。信仰心なき現代日本に、この国の主宰神・天照大神から厳しいメッセージが発せられた!

1,300円

明治天皇・昭和天皇の霊言

日本国民への憂国のメッセージ

両天皇は、今の日本をどのように見ておられるのか? 日本において"タブー"とされている皇室論についても、率直な意見が語られる。

1,000円

保守の正義とは何か

公開霊言
天御中主神・昭和天皇・東郷平八郎

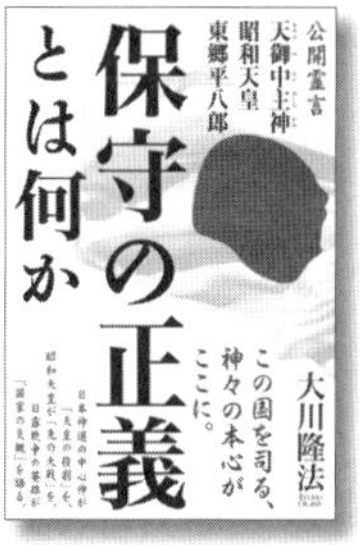

日本神道の中心神が「天皇の役割」を、昭和天皇が「先の大戦」を、日露戦争の英雄が「国家の気概」を語る。

1,200円

国《くに》之《の》常立神《とこたちのかみ》・立国の精神を語る

「降伏」か、それとも「幸福」か

不信仰による「降伏」か!? それとも信仰による「幸福」か!?『古事記』『日本書紀』に記された日本建国の神から、国民に神意が下された。

1,400円

大川隆法 霊言シリーズ・正しい歴史認識を求めて

公開霊言 東條英機、「大東亜戦争の真実」を語る

戦争責任、靖国参拝、憲法改正……。他国からの不当な内政干渉にモノ言えぬ日本。正しい歴史認識を求めて、東條英機が先の大戦の真相を語る。【幸福実現党刊】

1,400 円

パラオ諸島ペリリュー島守備隊長 中川州男《くにお》大佐の霊言

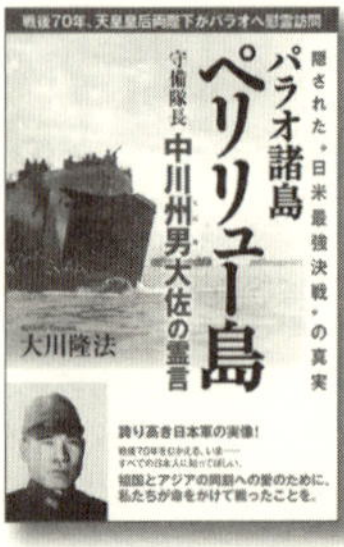

隠された〝日米最強決戦〟の真実

アメリカは、なぜ「本土決戦」を思い留まったのか。戦後 70 年の今、祖国とアジアの防衛に命をかけた誇り高き日本軍の実像が明かされる。

1,400 円

沖縄戦の司令官・牛島満中将の霊言

戦後七十年 壮絶なる戦いの真実

沖縄は決して見捨てられたのではない。沖縄防衛に命を捧げた牛島中将の「無念」と「信念」のメッセージ。沖縄戦の意義が明かされた歴史的一書。

1,400 円

マッカーサー 戦後65年目の証言

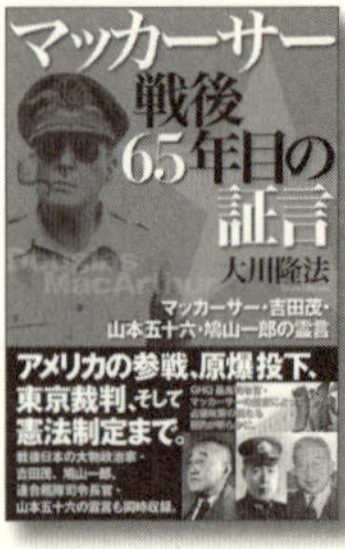

マッカーサー・吉田茂・山本五十六・鳩山一郎の霊言

GHQ 最高司令官・マッカーサーの霊によって、占領政策の真なる目的が明かされる。日本の大物政治家、連合艦隊司令長官の霊言も収録。

1,200 円

※表示価格は本体価格(税別)です。

大川隆法「法シリーズ」・**最新刊**

正義の法

法シリーズ
第22作

憎しみを超えて、愛を取れ

テロ事件、中東紛争、中国の軍拡——。
どうすれば世界から争いがなくなるのか。
あらゆる価値観の対立を超える
「正義」とは何か。
著者二千書目となる「法シリーズ」最新刊！

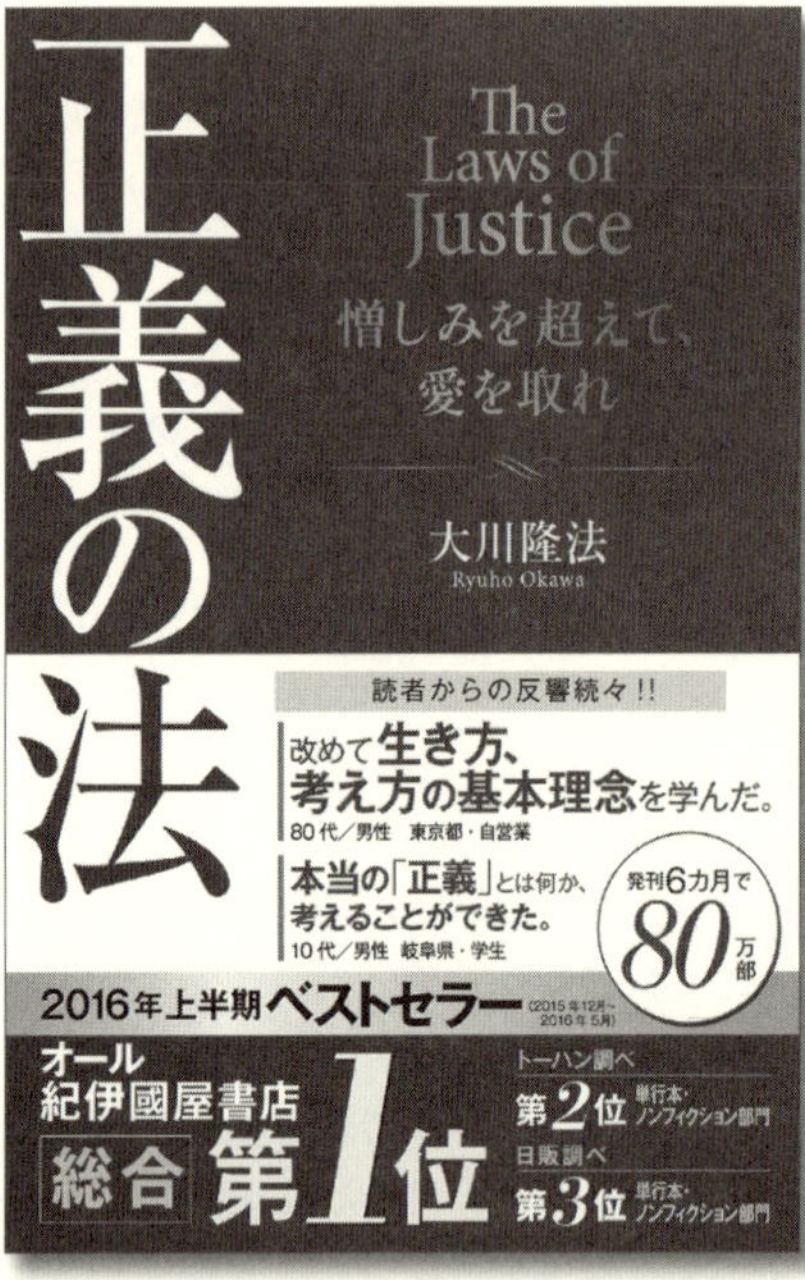

2,000円

第１章　神は沈黙していない——「学問的正義」を超える「真理」とは何か
第２章　宗教と唯物論の相克——人間の魂を設計したのは誰なのか
第３章　正しさからの発展——「正義」の観点から見た「政治と経済」
第４章　正義の原理——「個人における正義」と「国家間における正義」の考え方
第５章　人類史の大転換——日本が世界のリーダーとなるために必要なこと
第６章　神の正義の樹立——今、世界に必要とされる「至高神」の教え

※表示価格は本体価格（税別）です。

大川隆法ベストセラーズ・地球レベルでの正しさを求めて

未来へのイノベーション

新しい日本を創る幸福実現革命

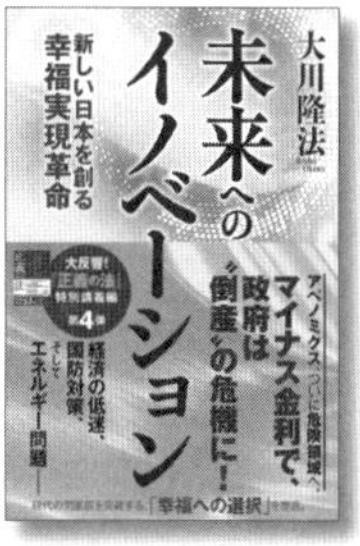

経済の低迷、国防危機、反核平和運動……。「マスコミ全体主義」によって漂流する日本に、正しい価値観の樹立による「幸福への選択」を提言。

1,500円

正義と繁栄

幸福実現革命を起こす時

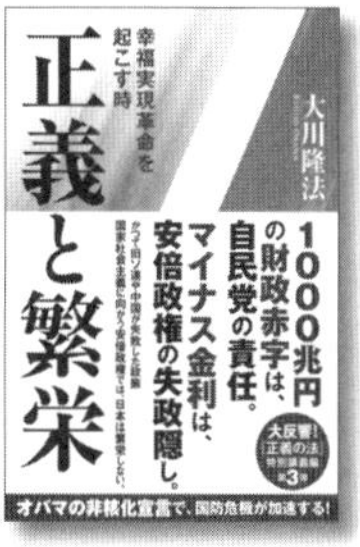

「マイナス金利」や「消費増税の先送り」は、安倍政権の失政隠しだった!? 国家社会主義に向かう日本に警鐘を鳴らし、真の繁栄を実現する一書。

1,500円

世界を導く日本の正義

20年以上前から北朝鮮の危険性を指摘してきた著者が、抑止力としての日本の「核装備」を提言。日本が取るべき国防・経済の国家戦略を明示した一冊。

1,500円

現代の正義論

憲法、国防、税金、そして沖縄。
――『正義の法』特別講義編

国際政治と経済に今必要な「正義」とは――。北朝鮮の水爆実験、イスラムテロ、沖縄問題、マイナス金利など、時事問題に真正面から答えた一冊。

1,500円

幸福の科学グループのご案内

宗教、教育、政治、出版などの活動を通じて、地球的ユートピアの実現を目指しています。

幸福の科学

一九八六年に立宗。信仰の対象は、地球系霊団の最高大霊、主エル・カンターレ。世界百カ国以上の国々に信者を持ち、全人類救済という尊い使命のもと、信者は、「愛」と「悟り」と「ユートピア建設」の教えの実践、伝道に励んでいます。

（二〇一六年七月現在）

愛

幸福の科学の「愛」とは、与える愛です。これは、仏教の慈悲《じひ》や布施《ふせ》の精神と同じことです。信者は、仏法真理をお伝えすることを通して、多くの方に幸福な人生を送っていただくための活動に励んでいます。

悟り

「悟り」とは、自らが仏の子であることを知るということです。教学《きょうがく》や精神統一によって心を磨き、智慧《ちえ》を得て悩みを解決すると共に、天使・菩薩《ぼさつ》の境地を目指し、より多くの人を救える力を身につけていきます。

ユートピア建設

私たち人間は、地上に理想世界を建設するという尊い使命を持って生まれてきています。社会の悪を押しとどめ、善を推し進めるために、信者はさまざまな活動に積極的に参加しています。

国内外の世界で貧困や災害、心の病で苦しんでいる人々に対しては、現地メンバーや支援団体と連携して、物心両面にわたり、あらゆる手段で手を差し伸べています。

年間約３万人の自殺者を減らすため、全国各地で街頭キャンペーンを展開しています。

公式サイト　**www.withyou-hs.net**

ヘレン・ケラーを理想として活動する、ハンディキャップを持つ方とボランティアの会です。視聴覚障害者、肢体不自由な方々に仏法真理を学んでいただくための、さまざまなサポートをしています。

公式サイト　**www.helen-hs.net**

幸福の科学グループの教育・人材養成事業

ハッピー・サイエンス・ユニバーシティ

Happy Science University

ハッピー・サイエンス・ユニバーシティとは

ハッピー・サイエンス・ユニバーシティ（ＨＳＵ）は、大川隆法総裁が設立された「現代の松下村塾」であり、「日本発の本格私学」です。
建学の精神として「幸福の探究と新文明の創造」を掲げ、
チャレンジ精神にあふれ、新時代を切り拓く人材の輩出を目指します。

学部のご案内

人間幸福学部

人間学を学び、新時代を切り拓くリーダーとなる

経営成功学部

企業や国家の繁栄を実現する、起業家精神あふれる人材となる

未来産業学部

新文明の源流を創造するチャレンジャーとなる

未来創造学部

2016年4月開設

時代を変え、未来を創る主役となる

政治家やジャーナリスト、ライター、俳優・タレントなどのスター、映画監督・脚本家などのクリエーター人材を育てます。※

※キャンパスは東京がメインとなり、２年制の短期特進課程も新設します（４年制の１年次は千葉です）。2017年3月までは、赤坂「ユートピア活動推進館」、2017年4月より東京都江東区（東西線東陽町駅近く）の新校舎「HSU未来創造・東京キャンパス」がキャンパスとなります。

住所 〒299-4325 千葉県長生郡長生村一松丙 4427-1
TEL.0475-32-7770

教育

学校法人 幸福の科学学園

学校法人 幸福の科学学園は、幸福の科学の教育理念のもとにつくられた教育機関です。人間にとって最も大切な宗教教育の導入を通じて精神性を高めながら、ユートピア建設に貢献する人材輩出を目指しています。

幸福の科学学園

中学校・高等学校（那須本校）
2010年4月開校・栃木県那須郡（男女共学・全寮制）
TEL **0287-75-7777**
公式サイト **happy-science.ac.jp**

関西中学校・高等学校（関西校）
2013年4月開校・滋賀県大津市（男女共学・寮及び通学）
TEL **077-573-7774**
公式サイト **kansai.happy-science.ac.jp**

仏法真理塾「サクセスNo.1」 TEL **03-5750-0747**（東京本校）
小・中・高校生が、信仰教育を基礎にしながら、「勉強も『心の修行』」と考えて学んでいます。

不登校児支援スクール「ネバー・マインド」 TEL **03-5750-1741**
心の面からのアプローチを重視して、不登校の子供たちを支援しています。
また、障害児支援の**「ユー・アー・エンゼル!」運動**も行っています。

エンゼルプランV TEL **03-5750-0757**
幼少時からの心の教育を大切にして、信仰をベースにした幼児教育を行っています。

シニア・プラン21 TEL **03-6384-0778**
希望に満ちた生涯現役人生のために、年齢を問わず、多くの方が学んでいます。

NPO 活動支援

学校からのいじめ追放を目指し、さまざまな社会提言をしています。また、各地でのシンポジウムや学校への啓発ポスター掲示等に取り組む一般財団法人「いじめから子供を守ろうネットワーク」を支援しています。

公式サイト **mamoro.org**
相談窓口 **TEL.03-5719-2170**
ブログ **blog.mamoro.org**

政治

幸福実現党

内憂外患《ないゆうがいかん》の国難に立ち向かうべく、二〇〇九年五月に幸福実現党を立党しました。創立者である大川隆法党総裁の精神的指導のもと、宗教だけでは解決できない問題に取り組み、幸福を具体化するための力になっています。

幸福実現党 釈量子サイト
shaku-ryoko.net

Twitter
釈量子@shakuryoko
で検索

党の機関紙
「幸福実現NEWS」

幸福実現党 党員募集中

あなたも幸福を実現する政治に参画しませんか。

○幸福実現党の理念と綱領、政策に賛同する18歳以上の方なら、どなたでも党員になることができます。

○党員の期間は、党費（年額 一般党員5千円、学生党員2千円）を入金された日から1年間となります。

党員になると

党員限定の機関紙が送付されます。
（学生党員の方にはメールにてお送りします）
申込書は、下記、幸福実現党公式サイトでダウンロードできます。

住所:〒107-0052
東京都港区赤坂2-10-8 6階
幸福実現党本部

TEL **03-6441-0754**
FAX **03-6441-0764**
公式サイト **hr-party.jp**
若者向け政治サイト **truthyouth.jp**

出版 メディア事業

幸福の科学出版

大川隆法総裁の仏法真理の書を中心に、ビジネス、自己啓発、小説など、さまざまなジャンルの書籍・雑誌を出版しています。他にも、映画事業、文学・学術発展のための振興事業、テレビ・ラジオ番組の提供など、幸福の科学文化を広げる事業を行っています。

アー・ユー・ハッピー？
are-you-happy.com

ザ・リバティ
the-liberty.com

幸福の科学出版
TEL **03-5573-7700**
公式サイト **irhpress.co.jp**

THE FACT

ザ・ファクト
マスコミが報道しない
「事実」を世界に伝える
ネット・オピニオン番組

Youtubeにて
随時好評配信中！

ザ・ファクト　検索

NEW STAR PRODUCTION

ニュースター・プロダクション

ニュースター・プロダクション(株)は、新時代の〝美しさ〟を創造する芸能プロダクションです。二〇一六年三月には、ニュースター・プロダクション製作映画「天使に〝アイム・ファイン〟」を公開しました。

公式サイト
newstar-pro.com

入会のご案内

あなたも、幸福の科学に集い、ほんとうの幸福を見つけてみませんか？

幸福の科学では、大川隆法総裁が説く仏法真理をもとに、「どうすれば幸福になれるのか、また、他の人を幸福にできるのか」を学び、実践しています。

入会

大川隆法総裁の教えを信じ、学ぼうとする方なら、どなたでも入会できます。入会された方には、『入会版「正心法語」』が授与されます。（入会の奉納は1,000円目安です）

ネットでも**入会**できます。詳しくは、下記URLへ。
happy-science.jp/joinus

三帰《さんき》誓願《せいがん》

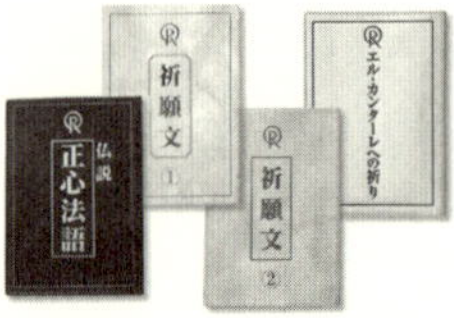

仏弟子としてさらに信仰を深めたい方は、仏・法・僧の三宝への帰依を誓う「三帰誓願式」を受けることができます。三帰誓願者には、『仏説・正心法語』『祈願文①』『祈願文②』『エル・カンターレへの祈り』が授与されます。

植福《しょくふく》の会

植福は、ユートピア建設のために、自分の富を差し出す尊い布施の行為です。布施の機会として、毎月1口1,000円からお申込みいただける、「植福の会」がございます。

ご希望の方には、幸福の科学の小冊子（毎月1回）をお送りいたします。詳しくは、下記の電話番号までお問い合わせください。

月刊「幸福の科学」

ザ・伝道

ヤング・ブッダ

ヘルメス・エンゼルズ

INFORMATION	幸福の科学サービスセンター TEL. **03-5793-1727**（受付時間 火〜金：10〜20時／土・日・祝日：10〜18時） 幸福の科学 公式サイト **happy-science.jp**